园本培训促进幼儿教师专业发展

晏红 ◎ 著

中国轻工业出版社

图书在版编目(CIP)数据

园本培训促进幼儿教师专业发展/晏红著.—北京：中国轻工业出版社，2015.1(2024.1重印)
ISBN 978-7-5184-0039-3

Ⅰ.①园… Ⅱ.①晏… Ⅲ.①幼教人员-师资培训 Ⅳ.①G615

中国版本图书馆CIP数据核字(2014)第258269号

保留所有权利。非经中国轻工业出版社"万千教育"书面授权，任何人不得以任何方式（包括但不限于电子、机械、手工或其他尚未被发明或应用的技术手段）复印、拍照、扫描、录音、朗读、存储、发表本书中任何部分或本书全部内容，以及其他附带的所有资料（包括但不限于光盘、音频、视频等）。中国轻工业出版社"万千教育"未授权任何机构提供源自本书内容的电子文件阅览、收听或下载服务。如有此类非法行为，查实必究。

责任编辑：王慧超　　　责任终审：腾炎福
策划编辑：高　君　　　责任校对：刘志颖　　　责任监印：吴维斌

出版发行：中国轻工业出版社（北京鲁谷东街5号，邮编：100040）
印　　刷：三河市鑫金马印装有限公司
经　　销：各地新华书店
版　　次：2024年1月第1版第6次印刷
开　　本：710×1000　1/16　印张：13.75
字　　数：162千字
印　　数：13001—15000
书　　号：ISBN 978-7-5184-0039-3　定价：32.00元
读者热线：010-65181109
发行电话：010-85119832　010-85119912
网　　址：http://www.chlip.com.cn　http://www.wqedu.com
电子信箱：1012305542@qq.com
如发现图书残缺请与我社联系调换
232087Y1C106ZBW

园本培训，势在必行

"教育大计，教师为本。有好的教师，才有好的教育。"幼儿教师素质决定着幼儿园教育质量，"努力造就一支师德高尚、业务精湛、结构合理、充满活力的高素质专业化教师队伍"是优质幼儿教育和幼儿健康发展的重要保证。

最近几年全国各地积极解决当地幼儿入园难的问题，全国幼儿园数量由2010年的15.04万所增加到2013年的19.86万所，教职工人数从185万增长到283万，三年间增加了98万名新教师新员工。这就意味着幼儿园一方面不但要聘用这些新教师以确保正常开班，另一方面因为她们是幼教新人，虽然有了一定的专业知识与能力，但是还需要理论联系实际，需要了解和适应新的工作岗位要求，需要逐渐学会带班、上课，需要熟悉教研、活动区辅导、保教结合、家长工作、各种活动组织、与其他教师合作等一系列基本工作内容与方法，而且每个幼儿园的保教传统与工作制度并不完全相同，这些都需要幼儿园组织专门的系列培训，以保证新员工能完全胜任工作岗位。可见，幼儿园必然承担大量的在职培训任务，园本培训成为帮助新教师早日熟悉幼教工作的必由之路。

就骨干教师而言，她们在幼儿园师资队伍中起着示范带头作用，幼儿园教科研创新工作以及新骨干队伍的培养都离不开她们的主动参与和传帮带。即使骨干教师本身，也有重要的发展任务，一是使自己更优秀，二是培养新教师。在提升自身素质方面，骨干教师需要具有更强的学习意识与学习能力以及更加活跃的创新意识与创新能力，需要具备更强的表征水平与总结能力，以使自己的过人之处更加突出。在培养新教师方面，骨干教师要有大局意识，具有诲人不倦和无私奉献的精神，需要戒骄戒躁、宽以待人，善于鼓励与指导他人，这意味着骨干教师的人格应该更加成熟，心胸应该更加宽广。所以，骨干教师要在幼儿园的大环境中继续追求专业精进和人格成长。

就中间力量而言，她们是师资队伍的主体。她们的优势在于基础工作很扎实，工作经验很丰富，实践能力很强，也具有培养新教师的资格与能力；而她们存在的问题主要是处于"职业高原期"。她们既不像新教师那么稚嫩，让管理者比较操心，又不像骨干教师那么出类拔萃，让管理者比较欢心。她们四平八稳的工作状态让管理者很放心，因而也容易被忽视，属于默默无闻的一个群体，有的教师因此会产生"高不成低不就"的尴尬心理，有的教师难免产生"职业倦怠"。所以，关怀中间教师的成长，满足她们的成就感，为她们提供突破自我的发展空间，是园本培训不可忽视的任务。

可见，园本培训不是少数人的需要，而是全体教师的需要。师资要发展，培训是关键。幼儿教师培养工作已经成为幼儿园教师队伍建设的重要环节。2012年，国务院颁布了新中国成立以来第一个全面部署教师工作的纲领性文件——《关于加强教师队伍建设的意见》，文件把"切实加强幼儿园教师培养培训"作为重要任务，把校本研修（园本培训）作为建立教师学习培训制度的模式之一。园本培训立足于本园实际情况，由幼儿园组织发起，以本园教职员工为培训对象，以本园教师为主要师资，以提高育人实践能力为核心，旨在提升园所整体实力与教师专业发展，所以园本培训是一种针对性和实效性都很强的在职教育活动。不仅如此，园本培训还是学历教育与非学历教育、职前教育与在职教育一体化的纽带，是我国建构终身教育体系和现代教师教育体系的一个重要组成部分。

其实，园本培训一天都不曾离开幼儿园的实际工作。自教师踏入工作岗位的第一天起，幼儿园就要加强培训，使教师理解本园的理念，遵守本园的规章制度与工作常规，培养教师对园所的情感与归属感，指导教师运用正确的态度与方式对待幼儿及其家长，帮助教师学会处理保教结合的关系，组织教师参加各种学习、观摩、比赛与考核活动，提高教师的业务能力，搭建平台让教师在教学设计、活动区指导、养成教育、环境创设以及教研方法等方面互帮互学……这一切都是幼儿园自己的事情，自始至终伴随着教师的职业生涯，需要以园本培训为载体来逐步实施。也许有的教师认为以上很多工作是以园本教研或者园本课程的形式开展的，这恰恰说明园本培训是比园本教研和园本课程更为基础的工作。有时，园本培训与幼儿园其他工作融为一体，但园本培训又有着独特的优势，是幼儿园其他工作所不能代替的，并对其他工作起着基础保障作用与积极促进作用。

园本培训与幼儿园的发展如影随形，只不过不同的幼儿园在园本培训意识与园本培训水平及效果方面存在很大的差异。有的幼儿园处于无明确意识的自发状态，有的幼儿园处于有意识、有目的的自觉状态。随着幼儿园追求园所发展的主动意识增强，园本培训逐渐进入专业工作者的视野，但是由于园本培训本身的研究、指导与培训工作并不丰富，导致人们对园本培训存在很多模糊的认识。这也反映了园本培训的发展规律，即当幼儿园教育发展比较缓慢的时候，幼儿园的各项工作都是融为一体、难分彼此的。随着幼教事业的不断发展，幼儿园的各项工作越来越成熟，逐渐呈现出各自的专业性与相对独立性，此时幼儿园若停留在浑然一体的认识与做法上，工作水平就显得滞后了。现在，园本培训已经从以前的混沌状态走出来了，需要幼儿园具备全方位的新认识与新定位。

园本培训是一种专业性和自主性都非常强的在职教师培养工作，幼儿园是园本培训的主人，需要培养自己的培训者队伍，需要自主选择适合园情的培训内容与培训形式，并拥有管理者的支持、指导以及各个部门的配合，这样才能提高园本培训效果，发挥园本培训的独特优势，促进教师专业发展。掌握了园本培训的基本规律，园本培训将对提升幼教质量产生"润物细无声"的美妙效果。

园本培训，势在必行！

园本培训，会者不难！

晏　红

2014年8月于清华园

目录
contents

园本培训，势在必行 ··· I

第一章　为什么园本培训非常迫切 ··· 1
　　一、园本培训提高师资质量 ·· 3
　　二、园本培训提升保教水平 ·· 5
　　三、园本培训增强特色建设 ·· 6
　　四、园本培训塑造园所文化 ·· 8
　　五、园本培训涉及方方面面 ·· 10
　　六、园本培训存在六大误区 ·· 13

第二章　谁是园本培训的主人 ·· 21
　　一、园本培训是幼儿园的责任与权利 ··· 22
　　二、园长是园本培训的责任人 ··· 26
　　三、教师是互教互学的主人 ·· 28
　　四、培养自己的培训者队伍 ·· 32
　　五、主动整合园内外培训资源 ··· 43
　　六、主动克服园本培训的局限性 ·· 44

第三章　怎样选择园本培训内容 ··· 49
　　一、园本培训内容的主要来源 ··· 50
　　二、园本培训内容的选择依据 ··· 57
　　三、园本培训内容的目标取向 ··· 61
　　四、园本培训内容的实施原则 ··· 65

第四章　常见的园本培训内容有哪些 ·······································71

　　一、基于师德的培训 ···73
　　二、基于园本教研的培训 ···84
　　三、基于园本课程的培训 ···99
　　四、基于反思能力的培训 ···109
　　五、基于保育员的培训 ···124

第五章　常见的园本培训形式有哪些 ·····································135

　　一、讲座式培训 ···137
　　二、参与式培训 ···146
　　三、观摩式培训 ···157
　　四、结对式培训 ···173
　　五、展评式培训 ···181
　　六、教师工作坊 ···187

第六章　怎样提高园本培训效果 ···197

　　一、为园本培训建章立制 ···198
　　二、重视非正规培训 ···203
　　三、妥善处理工学矛盾 ···204
　　四、培训兼顾效益与公平 ···206
　　五、对相关部门的建议 ···207

第一章
为什么园本培训非常迫切

一、园本培训提高师资质量
二、园本培训提升保教水平
三、园本培训增强特色建设
四、园本培训塑造园所文化
五、园本培训涉及方方面面
六、园本培训存在六大误区

猫大学毕业之后，来到研究所工作，成为所里学历最高的人。一天，猫到单位附近的池塘去钓鱼，恰巧一正一副两个鸡所长也在钓鱼。猫向他们礼貌地点了点头，但是没有多说话。他想："这两个土鸡，我与他们能有什么共同语言呢？"不一会儿，正所长放下钓竿，噌噌噌从水面上健步如飞地跳到池塘对面上厕所。猫惊呆了："水上漂？不会吧？鸡能在水上行走？怎么回事？"猫又不好意思去问，因为自己是大学生啊！又过了一会儿，副所长也站起来，噌噌噌地飘过水面上厕所。这下子猫差点昏倒了："难道这里的土鸡有特异功能？"这时，猫也内急了。

这个池塘两边有围墙，要到对面的厕所需要绕一大圈路，怎么办呢？猫看看两位所长，却不愿意去问他们，最后终于憋不住了，也起身往水里跨："我就不信土鸡能过的水面，我大学生不能过！"只听"咚"的一声，猫栽到了池塘里。两位所长赶紧将他拉了出来，问他想做什么。猫问："为什么你们可以飞到对面的厕所呢？"两位所长相视一笑，说："这池塘里有两排木桩，最近下雨，池塘涨水，木桩刚好没在水面下。我们都知道这木桩的位置，所以可以踩着桩子过去。你怎么不问一声呢？"

这是一个有趣的寓言故事。我们很容易就发现是猫的傲慢坑了他自己，同时也能感受到了解现实工作环境的重要性。人们所面临的现实工作环境往往是丰富而生动的，具有许多书本上不可能传授的信息、知识与经验，我们只能通过沟通、交流与学习才能获得一些真实信息、实用知识与实战技能。这种学习一方面靠我们自学，另一方面则靠单位组织培训、搭建学习平台。毫无疑问，单位有计划、有目的地组织系列培训，会在更短的时间内让更多的人受益，无论对于提高工作效率还是促进个人成长，都具有更重要的意义。这就是现在全国各行各业都很重视在职教育与岗位培训的重要原因，对幼儿园来说，即为园本培训。

园本培训，是指由幼儿园组织发起，立足于本园实际情况，以本园教职员工为培训对象，以本园教师为主要培训师资，以提高育人实践能力为核心，旨在提升园所整体实力与教师专业发展的在职教育活动。园本培训是继续教育的重要组成部分，为幼儿教师搭建了互教互学与终身学习的平台，也是教师教育的一种新形式。园本培训不管是在建构终身教育体系方面，还是在解决园所发展的实际问题方面，都具有非常重要的意义。

一、园本培训提高师资质量

教育要发展，师资是关键。《国家中长期教育改革和发展规划纲要（2010—2020年）》明确指出："教育大计，教师为本。有好的教师，才有好的教育。"对于一所幼儿园来说，主要面临两大师资难题，一是师资短缺，二是师资水平不高。缺乏教师，固然没法开园开班；有了教师，如果保教专业水平不高，幼儿园的安全与质量依然没有保障。

最近几年全国各地积极解决入园难的问题，全国幼儿园数量由2010年的15.04万所增加到2013年的19.86万所，教职工人数从185万增长到283万，三年间增加了98万新教师新员工。这就意味着幼儿园一方面不但要聘用这些新教师以确保正常开班，另一方面还要培训她们熟悉岗位职责以确保幼教质量。可见，幼儿园必然承担大量的在职培训任务，园本培训成为解决师资质量问题的必由之路。

园本培训不仅是新园的当务之急，同样也让老园面临着挑战。由于新园对管理人员和班级教师都有很大的需求量，老园的业务干部和骨干教师就成为新园吸纳人才的首要目标，于是老园的人才流动现象随之出现。一位知名幼儿园的园长说："最近几年，我们这里成为名副其实的人才培养基地。"当幼儿园多年来倾力培养的优秀教师和骨干力量被一些新园高薪高位聘请后，老园就必须要招聘新人、培训新人、培养新骨干。除了优秀教师以外，优秀保育员流动得更快，而保育员岗位涉及班级幼儿的安全、健康、卫生、保健等一些特别重要的基础性工作内容，因此保育员的培训任务丝毫不亚于教师培训。

可见，师资难题是当今幼儿园面临的普遍问题。幼儿园要对不同年龄、不同层面的教师加强园本培训，以提高师资队伍水平。

就年轻教师而言，她们刚从大中专院校毕业，虽然有了一定的专业知识与能力，但是还需要了解和适应新的工作岗位要求，需要理论联系实际，需要逐渐学会带班、上课，需要熟悉教研、活动区辅导、保教结合、家长工作、各种活动组织、与其他教师合作等一系列基本工作内容与方法，而且每个幼儿园的保教传统与工作制度不同，因此幼儿园需要组织专门的系列培训，使年轻教师完全胜任工作岗位。

就骨干教师而言，她们在幼儿园师资队伍中起着示范带头作用，幼儿园教科研创新工作以及新骨干队伍的培养都离不开她们的主动参与和传帮带。即使骨干教师本身，也有重要的发展任务，一是使自己更优秀，二是培养新骨干。在提升自身素质方面，骨干教师需要具有更强的学习意识与学习能力以及更加活跃的创新意识与创新能力，需要具备更强的表征水平与总结能力，以使自己的过人之处更加突出。在培养新骨干方面，骨干教师要有大局意识，具有诲人不倦和无私奉献的精神，需要戒骄戒躁、宽以待人，善于鼓励与指导他人，这意味着骨干教师的人格应该更加成熟，心胸应该更加宽广。所以，骨干教师要在幼儿园的大环境中继续追求专业精进和人格成长。

就中间力量而言，她们是师资队伍的主体。她们的优势在于基础工作很扎实，工作经验很丰富，实践能力很强，也具有培养新教师的资格与能力；她们存在的问题主要是处于"职业高原期"。她们既不像新教师那么稚嫩，让管理者比较操心，又不像骨干教师那么出类拔萃，让管理者比较欢心。她们四平八稳的工作状态让管理者很放心，因而也容易被忽视，属于默默无闻的一个群体，有的教师因此产生"高不成低不就"的尴尬心理，有的教师难免产生"职业倦怠"。所以，关怀中间教师的成长，满足她们的成就感，为她们提供突破自我的发展空间，是园本培训不可忽视的任务。

可见，园本培训不是少数人的需要，而是全体教师的需要。师资要发展，培训是关键。

二、园本培训提升保教水平

2014年春季开学之后,陕西、吉林、湖北等地陆续曝出幼儿园给幼儿集体服用抗病毒药物"病毒灵"事件,而提高出勤率、降低缺勤率是这些幼儿园这么做的初衷之一。

2014年3月,云南省一所幼儿园发生32名儿童集体中毒并导致2名儿童死亡的事件。经过公安部门调查,这起中毒事件不是因为幼儿园供餐引起的,而是一名儿童从外面带来零食到幼儿园里食用所引发的。家长让幼儿带食品到幼儿园是经常发生的事情,有的幼儿园和班级教师担心拒绝家长的好意会引发家长的不满,于是就迁就幼儿及其家长了。

以上两个负面事件,反映了幼儿园既存在上级部门和幼儿园监管不规范的问题,也存在园本培训不到位的问题。虽然,确保出勤率是幼儿身体健康和园所保教水平过硬的表现,但是提高出勤率要通过严格卫生消毒、提高伙食质量、加强进餐护理、增强体育锻炼以及呵护幼儿的心理健康等多方面的工作来实现,要为幼儿的健康发展保驾护航,绝对不能通过非法服药来"预防疾病"。如果幼儿园坚持科学的保教标准,并通过园本培训,把科学保教标准以制度的形式进行规范,帮助教师掌握科学的保教理念与方法,那么幼儿园用"损招"来提高出勤率的概率就会大大降低。

允许家长让幼儿带食品进班级分享,既有教师"盛情难却"的外在原因,也反映了幼儿园在健康管理、健康教育及家庭教育指导等内部管理规范和培训教育方面存在的问题。幼儿园一切入口的食品与食材都应该通过正规的渠道采购,食品配方也要接受幼儿园保健医生的指导与监督。班级教师还需调查幼儿对食物过敏的情况,然后在班级和幼儿园保健室做详细登记,并加强对幼儿的生活护理。任何人都不得私自带食品入班进行所谓的"分享教育",即使小朋友过生日也可以采取其他活动形式。教师要耐心地做家长的工作,对他们晓之以理，让他们明白：幼儿园的孩子分享家中带来的食品既存在食品安全隐患，又会影响孩子在园的正餐摄入量，还容易让孩子形成攀比之风。幼儿园的规定可能辜负了一些家长的好意，有些家长也许会认为幼儿园太死板了，尽管如此，教师和家长务必要遵守规定。幼儿园属于集体生活环境，幼儿年龄小、人数多、身心发育稚嫩，饮食安全与卫生一旦出现问题，很容易形成群体事件，因此，相关的管理与培训必须规范细致并落实到位。班级教师和家长都不能感情用事，不能随意更改工作原则。幼儿园要加强培训，使家长理解与遵守幼儿园的规章制度，通过家园共育达到降低群体性突发事件的目的。

出勤和安全只是幼儿园的基础工作，幼儿园的保教工作犹如"麻雀"，虽小但五脏俱全，具有全面整体性。教师不仅要照顾幼儿的生活、健康与安全，还要促进幼儿在体、智、德、美等各个方面获得全面和谐的发展。教师不但要面向全体，还要关注幼儿的个体差异；既要做好班级工作，又要做好家长工作，为幼儿构建家园合作共育的良好环境。教师要严格遵守保教标准，生动活泼、富有创造性地引领幼儿茁壮成长。因此，班级保教人员的教育观念要具有整体性，教育内容要具有整合性，教育途径与手段要具有全面性，只有这样，才能发挥教育的整体效能。而这一切都需要学习与锻炼，因为任何人都不可能天生就了解如此精细的幼儿教育内容，任何人都不可能天生就掌握这么丰富的幼儿教育艺术，唯有园本培训才能帮助教师从陌生走向熟悉，从生手走向专业。正如《〈幼儿园教师专业标准（试行）〉解读》中指出的："对于幼儿教育的质量，人们已经有一些基本共识性的指标。包括……其中人员的培训与发展就是幼儿园教师的专业化，是影响幼儿园保教质量的重要因素。"

三、园本培训增强特色建设

如果说保教质量是幼儿园的生命线，那么特色建设就是幼儿园的风景线。由于幼儿园之间存在竞争，也由于幼儿园整体发展水平普遍提高，因此幼儿园能否办出自己的特色,既是满足生存的需要也是高水平发展的需求。如今的幼儿园仅仅开园托管已经不能满足人们对幼儿教育的需求,人们希望自己的孩子进入一个既安全放心又能获得良好教育的园所。很多家长都很关注幼儿园的教育理念与特色建设,非常认真地在关注与探讨孩子的成长规律与教育方法。因此,园所特色不仅是上级主管部门对幼儿园提升质量的要求,也是广大家长对优质幼儿教育的殷切期盼。可以说,特色建设是幼儿园树形象、创品牌的核心工作。

幼儿园特色是在科学的教育思想和办园理念的指导下,以国家教育方针和幼儿教育的客观规律为依据,在规范办园和整体教育质量提升的基础之上,经过不断探索和努力而逐渐形成的幼儿园风格与特点。可见,幼儿园特色不是标榜的、自封的、捏造的,不是一蹴而就的,也不是上级领导和园所干部等少数人的旨趣与意愿,而是长期积淀的结果,是全体教职员工的共同愿望与更高追求。这种特色的创建、发展与传承,需要通过园本培训为全体教职员工提供精神鼓舞、智力支持与团队合作氛围。如果缺乏扎实的园本培训,那么特色建设就犹如纸上谈兵、海市蜃楼。

某所幼儿园重新装修之后,面貌焕然一新,园领导希望趁势而上,申报示范园。示范园作为当地幼儿园的最高办园标准,要求幼儿园办得有特色,具有示范意义。于是,园长就苦思冥想特色建设问题,并请社会上的美术工作室专业人员来幼儿园打造美术教育特色环境。幼儿园的美术环境很快就铺天盖地创建起来,各种美术作品琳琅满目。其间,美术工作室人员加班加点创建专门的美术活动室,老师加班加点做手工装饰班级环境,让人一看就能感受到浓厚的美术教育氛围。但是,最终该园没有通过美术教育特色的示范园验收。因为幼儿园缺乏三年以来的美术教育园本教研过程,班级老师并没有完全掌握小、中、大班幼儿在不同年龄阶段的美术教育特点,并且由于过分突出美术教育,幼儿的健康教育、养成教育以及语言教育问题突出,幼儿园没有完全把握全面发展的幼儿教育内涵。验收专家还随机与个别老师访谈,了解班级教师对幼儿园特色的理解与感受,发现教师所想与园长所说并不完全一致,教师的认识需要进一步统一与提升。

特色建设不能靠包装、走形式、造概念，不能只是园长及个别领导的意志，不能是单一学科的训练，它需要通过园本培训凝聚人心、提高认识、达成共识，并引领全体教师深入了解特色教育的科学理念、内涵、方式与方法，办以幼儿全面发展为基础的特色教育，并使之体现在教师的日常工作和实践行为之中，反映在幼儿的进步与发展之中。

四、园本培训塑造园所文化

园本培训不仅是传授岗位基本职责与基本技能的阵地，也是传播科学教育观和教育正能量的阵地。人们现在比以前更加重视幼儿教育，不再把幼儿园仅仅看作是托管、看护幼儿的场所，而是人才成长的摇篮；也不再把幼儿园仅仅当作后勤部门的福利机构，而是专业的教育机构。这就意味着，幼儿园不仅在为幼儿、家长和社会提供幼教服务，而且也在为幼儿、家长以及教师塑造教育文化、培育人文精神。但事实上，有的幼儿园认为文化素养培养不属于幼儿园的业务工作，与教师带班教育孩子没有直接关系。这些幼儿园在业务指导和园本培训中主要涉及教师的技能技巧，对教师的精神文化缺乏关注与引导，她们没有意识到看似虚无的文化素养对教师形象、教育态度以及幼儿园工作具有实实在在的影响。

某幼儿园响应上级号召，利用双休日组织教师开展了"送教进社区"的公益活动，同时也给予教师一定的加班补贴。一位教师在领当月工资的时候发现有了加班费，但当月收入并没有增长多少，便询问会计是不是算错了。会计解释说加上加班费，个人收入就进入了上一档纳税线，这样本月个税比上月高，所以总收入并没有增长多少。这位教师有一种加班白干的感觉，向领导反映能不能由单位上缴多出的个税，领导解释说缴纳个税是公民的义务，义务是不能由别人代替的。这位教师虽然知晓其中的道理，但是心里仍然难以接受这个事实，于是对加班之事不再热心，甚至劝同事没必要加班白干。

从表面上看，教师的个税意识似乎与工作并没有直接关系，教师对个税之事保持敏感也并无不妥之处，但是过度纠结于此事，而且无法用公民的纳税义务感来消解内心的不平衡，以致影响自己的工作价值感，就有碍教师的专业投入热情了。可见，文化素养与人的价值观和自觉自律精神息息相关，无论对于园所发展还是教师专业发展，都会产生较为持久且深刻的影响。

可是，这种现象并没有引起幼儿园和幼儿教师的广泛重视，甚至有的幼儿园把文化素养完全等同于学历水平。随着成人继续教育事业的发展，幼儿园对教师的学历要求普遍提高，幼儿教师边工作边进修学历已经蔚然成风。但是，她们的学习意识与学习能力的提高仍然需要一个过程。

一位大学教师闲聊之时说，给幼儿教师上课最累，因为有的年轻的幼儿教师上课时不仅爱聊天说话，还爱吃零食，自己的讲课思路和讲课情绪时常受到干扰；下课的时候布置小论文或者小案例，只听见女教师们一齐"哎呀"抱怨，作业迟迟不交。有的幼儿教师甚至说："我们就是来混文凭的，您上课讲的那些理论和大道理在实际工作中没有什么用。"这位大学教师感慨地说："唉，没办法，越没文化越不爱学习！"

这位大学教师遇到的情况和发出的感慨并不能绝对化，并非所有的幼儿教师都是如此，但他所描述的也绝非个别现象。由于幼儿园的保教工作具有很强的实操经验性，所以幼儿园经验至上的倾向突出，学习氛围不浓厚；由于有的幼儿园招聘教师的时候特别重视才艺，所以教师的体育、音乐、美术能力受到重视，却不强调文化课水平；由于幼儿园每年每学期组织的各种活动非常丰富，所以幼儿园重实干轻反思，务实多务虚少；由于幼儿教师的第一学历相比中小学教师低，所以幼儿教师普遍理论水平低、学习能力弱、研究意识淡薄……以上种种情形都会给人造成幼儿教师"没文化"的不良印象。其实，这种不良印象已经给幼儿教师的日常工作带来了尴尬与烦恼。笔者经常听见有的老师抱怨，说现在的家长工作难做，很难说服家长，有的家长学历高、职位高，更是不把老师的建议当回事。也难怪家长不把教师当回事，经常发现班级门口小黑板上出现的通知，有的老师把字写得歪歪扭扭、字形非常幼稚，不通顺的句子和错别字频频出现，如此"文化低"的表现又怎能得到家长的尊重？

　　文化并非虚无缥缈的空谈，它通过言谈举止、行为习惯、思维方式展现出来，在细节中传递出一个人的修养以及人生观与价值观。除了微观层面的心理文化与行为文化以外，幼儿园的园风园貌也无不展示着一个园所的物质文化、精神文化与制度文化。由此看来，园本培训无疑是园所文化的一个重要组成部分。

　　园本培训的直接效果就是把幼儿园培养成为一个学习型组织。学习型组织是一个获取、传递和创造知识的组织机构，提倡知识分享与自主学习相结合，倡导同伴合作与自我修正相结合，以尽快适应新问题的解决与新发展的需要。学习型组织与专门从事学习活动的中学和大学不同，幼儿园在帮助教师获取和传递基本知识与技能的同时，还带领教师总结新经验、创造新知识，并且在集体环境中营造教师之间知无不言、言无不尽、互教互学的研讨氛围，鼓励教师在合作学习过程中自我修正、自主成长，最终实现教师与幼儿园共同成长的双赢局面。

　　学习精神、文化素养已经超越个人行为，成为职业标准。教育部2012年颁布出台的《幼儿园教师专业标准（试行）》把"终身学习"定为幼儿教师的四大基本理念之一，要求教师"优化知识结构，提高文化素养；具有终身学习与持续发展的意识和能力，做终身学习的典范"。幼儿园作为幼儿教师从事专业工作的职场，自然应该以园本培训为主要渠道，为幼儿教育专业工作者营造一个文化氛围浓厚的学习型组织。

五、园本培训涉及方方面面

　　园本教研在幼儿园的重要地位已经成为人们的共识，示范幼儿园创建园本课程也不是新鲜之事。因此，一提师资队伍建设，幼儿园必谈园本教研；一提园所特色建设，幼儿园必谈园本课程；园本培训则经常是轻描淡写，仅仅是被包含在其他工作之中，很少作为项目、专题、课题、话题加以研讨。其实，这是幼教人关注视角出现了问题。全国各地幼儿园的差异非常大，有的幼儿园可能没有园本教研，可能也没有自己的园本课程，但一个幼儿园不可能没有园本培训。不管什么性质、什么级别、什么规模的幼儿园，园本培训一直客观地存在着，只是园本培训经验很少得到总结与交流，园本培训工作很少得到培训与指导，园本培训本身也很少受到研究者的关注。园本培训工作的主体性与相对独立性一直被忽视，"研训一体化"使园本培训成为"配角"，抹杀了园本培训的独特性。

其实，园本培训一天都不曾离开幼儿园的实际工作。自从教师踏入工作岗位的第一天起，幼儿园就要对她们进行培训，使她们理解本园的理念，遵守本园的规章制度与工作常规，培养她们对园所的情感与归属感，指导她们用正确的态度与方式对待幼儿及其家长，帮助她们学会处理保教结合的关系，组织各种学习、观摩、比赛与考核活动提高她们的业务能力，搭建平台让她们在教学设计、活动区指导、养成教育、环境创设以及教研方法等方面互帮互学……这一切都是幼儿园自己的事情，自始至终伴随着教师的职业生涯，需要以园本培训为载体来逐步实施。也许有的教师认为以上很多工作是以园本教研或者园本课程的形式开展的，这恰恰说明园本培训是比园本教研和园本课程更为基础的工作。园本培训与幼儿园其他工作融为一体，但又有着独特的优势，是幼儿园其他工作所不能代替的，并对其他工作起着基础保障作用与积极促进作用。

2014年3月16日，深圳市宝安区民治街道滢水幼儿园一名4岁女童于课间，被一名保安拉到楼梯拐角处抚摸猥亵，致下身出血。女童告知班主任，遭到涉事保安的否认后，未引起该幼儿园园长及班主任的重视，不了了之。当晚女童回家后，女童奶奶听闻此事，立即到幼儿园讨说法。

发生这种恶性事件，人们首先想到的是保安人员素质差。由于保安人员是幼儿园与保安公司合作聘请的，幼儿园无法对保安人员的入职进行招聘把关，所以很多幼儿园没有把保安纳入幼儿园的正式员工培训与指导体系。结果，保安人员犯错误直接致使幼儿园和幼儿蒙受损失。事实上，不少幼儿园都没有意识到对保安、保洁、后勤维护等班级保教岗位以外的人员进行培训与指导的重要性。也许幼儿园已经与这些人签订了正式合同，为他们制定了岗位职责，但这还不够。幼儿园的许多工作要求是无法完全用文字条目规定出来的，幼儿园需要对教职员工手把手进行细致的指导，需要对他们面对面进行频繁的提醒，需要他们具备一些基本的幼儿教育素养，才能确保各个岗位职责分明，而不是仅仅停留在把写成白纸黑字的条条框框做个相框钉在墙上了事。比如，保安公司是面向全社会的，它只能提供保安岗位的基本要求，对保安人员所派遣单位的特殊性并不是很了解，相关培训势必存在缺失状况。于是，就出现有的保安对幼儿说话大声嚷嚷、吓唬幼儿，与家长沟通不够礼貌、缺乏技巧，与班级幼儿教师过度搭讪等不良现象；对此，幼儿园不能总是采取辞退的方式，这不是解决问题的好办法。保安岗位需要相对稳定，这样才有利于保安人员熟悉每天入园幼儿及其家长的基本情况，熟悉幼儿园周边社区的基本情况。目前，保安岗位普遍存在应急招聘不严格、人员流动性强、频繁更换等问题，而且保安又处于幼儿园的"门面"岗位，所以幼儿园应该及时总结幼教保安岗位的工作特点，对保安的培训以正面指导为主，并且随时跟进，不能忽视，不能松懈，从而形成一整套快捷、实用、全面、细致的培训机制。

除了保安以外，全园所有教职员工都是园本培训的对象，不要因为有些人员不是带班教师，不属于幼儿园的主体保教队伍，而忽视她们的重要作用，她们具有岗位本身所具有的独特意义。同时幼儿园作为一个正式的教育机构，具有管理育人、服务育人、环境育人的特点，幼儿园所有教职员工的言谈举止无不传达着教育素养，无不蕴涵着直接或间接影响幼儿健康成长的教育因素。此外，这些有形的或者无形的因素相互作用，对幼儿园的其他成员，包括教师、职工、家长也都会产生潜移默化的影响。

可见，园本培训涉及幼儿园的所有岗位。园本培训无所不包，只要是幼儿园的人、事、物，都应该纳入到园本培训的范畴。幼儿园不能把园本培训内容局限为园本教研和园本课程，也不能把园本培训对象狭隘地局限为仅仅是有教师资格的在职教师。事实上，全体教职员工都应该在园本培训中受到关怀与指导。

六、园本培训存在六大误区

园本培训与幼儿园的发展如影随形，只不过不同的幼儿园在园本培训意识与园本培训水平及效果方面存在很大的差异。有的幼儿园处于无明确意识的自发状态，有的幼儿园处于有意识、有目的的自觉状态。随着幼儿园追求园所发展的主动意识增强，园本培训逐渐进入专业工作者的视野，但是由于园本培训本身的研究、指导与培训工作并不丰富，导致人们对园本培训存在很多模糊的认识。根据观察与调查结果，当前园本培训存在以下六大误区。

（一）在园本培训中被动等待

园本培训并不是新鲜事物：一方面，幼儿园已经做过许多相关工作，只是尚未形成明确的制度或者系统的工作；另一方面，园本培训早已受到上级教育部门的重视。1999年9月13日，国家教育部发布了《中小学教师继续教育规定》，其中第八条规定："中小学教师继续教育要以提高教师实施素质教育的能力和水平为重点。"第二十二条还特别指出："本规定所称中小学教师，是指幼儿园，特殊教育机构，普通中小学，成人初等、中等教育机构，职业中学以及其他教育机构的教师。"以此为指导思想，北京市教委于2003年3月出台了《北京市幼儿园教师"十五"继续教育管理办法》等六个配套文件，把北京市幼儿园教师的继续教育任务划分为市级培训、区县级培训和园本培训，其中园本培训要求"各幼儿园结合实际需求对本园教师开展培训"。在考核办法中规定："加大园本培训的力度。园本培训不少于6学分，由幼儿园自行制定标准，区县教师继续教育管理部门负责指导、监督、检查。"继"十五"之后，"十一五"与"十二五"期间，北京市教委对幼儿园继续教育和园本培训不断加强管理与指导，逐步完善制度，各区县教委在推进幼儿园园本培训工作的规范化与常态化方面也做了大量的指导与监督工作。

即便如此，幼儿园对园本培训工作懵懵懂懂的现象依然存在。

在2014年6月举行的一次北京市区县园本培训交流与研讨会上，有的幼儿园提出疑问："不知道园本培训做些什么？""我们没有培训师资，怎么培训老师？""师德学什么？教育政策学什么？"……

在开展园本培训工作的过程中，出现这样或者那样的问题是可以理解的，但是从幼儿园对园本培训的疑问中可以看出，有的幼儿园被动等待的意识比较突出。幼儿园希望上级教育部门给一个清单式的培训内容，配备师资力量，像课程表一样明确清晰，这样幼儿园就方便照章执行了。如果这样，园本培训就失去了"园本"的意义。园本培训的独特价值在于，幼儿园根据自己独特的园情，开展具有针对性的师资培训，而一味复制其他幼儿园的培训内容与培训方式，未必适合自己的幼儿园。因此，幼儿园需要增强培训的主动意识，及时调查、发现与了解本园教师的培训需求和园所自身发展的需求，适时开展相应的培训与指导工作。幼儿园既不能依赖上级教育部门的"课程表"来培训，也不能等到上级教育部门敦促与考核时才临时行动。只有把园本培训当作自觉、自愿、自主的行为，幼儿园才能真正获得园本培训促进园所发展与师资发展的效果。

（二）把园本培训当作业务学习

国家教育部1996年出台的《幼儿园工作规程》（以下简称《规程》）指出，幼儿教师应该"参加业务学习和幼儿教育研究活动"。以此为指导精神，幼儿园多年来已经形成业务学习的传统，对帮助教师更新教育观念、丰富教育方法发挥着重要作用。于是，有的幼儿园就认为业务学习就是园本培训，不知道现在重新来一套园本培训到底是为了什么，感觉又为幼儿园增加了不少负担。其实，业务学习与园本培训既有联系又有区别，业务学习属于园本培训范畴，但是园本培训不仅仅只是业务学习。园本培训是伴随着继续教育事业、幼儿园教育以及教师的专业发展而不断强大"自身"的，使得它从曾经与业务学习"融为一体"的状态中"脱身"出来，具有了相对独立性，呈现出自己的"崭新面貌"，发挥着比以往更加强大的功能。

某园小班年级组长制订了9月份的一次100分钟左右的业务学习内容：

1. 掌握9月份重点工作

2. 班级召开新生家长会

3. 幼儿9月份作息时间安排

4. 9月份主题教育计划

5. 统一教师书写文字资料的要求

6. 班级环境创设要求与检查时间

7. 小班体育器械的收放与使用

8. 班级新配电视机的使用要求

9. 通报体检中视力不良率与新龋率

10. 安排班级选择奥尔夫音乐教育课例

11. 学习新学期规章制度

12. 学习小班幼儿心理学与教育学知识，共同学习某书第二页至第九页

13. 最后重点提示：（1）解决个别幼儿分离焦虑问题。（2）坚持认真晨、午检。（3）教育幼儿遵守"六步洗手法"。（4）认真洗手，做好班级卫生、消毒工作。

作为新学期开学后的第一次业务学习，以上13项学习内容都是必要的，安排得非常细致、全面，对学期初的班级工作具有明确的指导意义。传统的业务学习大致都是如此，以安排业务工作为主，专业知识学习（第12项）是其中的一小部分内容，而且以阅读学习资料为主；无论是业务工作安排还是业务学习一般都采取上传下达、直接灌输的单一方式，较少互动研讨，也缺乏深入的分析，学习的针对性不强。

以上业务学习是园本培训内容与园本培训方式中的一种，但现代意义的园本培训无论是在内容上还是在形式上都远不止如此。园本培训需要业务干部引领，同时需要发挥骨干教师的专业示范与模范带头作用，在全园营造一种互教互学的氛围；园本培训需要自上而下地统一认识与部署，同时非常重视自下而上的工作调查与研究，着眼于来自一线教师的实际需要与具体问题；园

本培训不仅关注书本上的专业知识,更注重丰富教师的实践知识;园本培训不仅把教师当作制度规范的执行者,而且尊重教师的主体地位,培养教师成为积极的反思性实践者。总而言之,园本培训的内涵与外延是传统的业务学习所无法企及的。

(三)把园本培训当作园本教研

自从 2006 年 7 月国家教育部"以园为本教研制度建设"项目正式启动以来,园本教研在全国各地的幼儿园普遍开展并深入推进。园本教研在培养教师的学习与研究意识,推动教师专业发展,促进幼儿园创建学习共同体等方面具有重大的现实意义。在以后相当长的时期内,幼儿园仍然需要在建立园本教研工作的长效机制和创新机制方面坚持不懈地进行实践和探索。然而,事业的发展从来都不是单行线,许多工作都要齐头并进,并且各项工作会相互影响。很多幼儿园发现当教研骨干调动离职的时候,幼儿园需要培养新的骨干力量;当新教师走向工作岗位的时候,他们最迫切需要解决的问题似乎不是搞教研,而是学会带班,学会与幼儿、家长和同事相处,学会一些基本的工作态度与工作方法,掌握基本的工作内容。这些现象都说明园本教研虽然与园本培训有很多相似之处,有些工作内容甚至是重叠融合的,但是两者并不完全相同,园本培训在以下三个方面具有更加突出的优势与特点。

1. 基础性

在幼儿园争先创优的过程中,才艺好或者讲课效果好的教师容易被人发现,他们的展示机会也较多,很容易在园本教研和园本课程实施过程中成长为骨干教师。但是一枝独秀不能造就满园春色,仅仅重视少数骨干教师,其他教师的工作积极性会受挫,也会影响幼儿园的基本保教质量。幼儿园既需要"高端大气上档次"的教研成果,也需要"低调扎实有内涵"的基础工作。

某幼儿园在申报示范园的准备过程中,花了大量时间进行环境创设,反复设计和研讨教育活动,各种工作资料也整理得整齐而完备。然而,专家在视导的过程中,发现一位保育员用一块没有充分涮洗干净的抹布擦餐桌,而且保育员长长的发梢时不时地碰到餐具上。

从表面上看，这位保育员工作不规范，幼儿园可以按照规章制度批评甚至处罚她，但是简单化地处理问题并不能有效地防范此类现象再次发生，这取决于幼儿园是否有意识和有能力全面兼顾"外塑形象"与"内固基础"的关系，是否能通过多种形式的园本培训强化各个岗位的基本功与工作素养。一般情况下，园本教研有"主题"、分"领域"、重"教学"，园本课程有"主线"、搭"框架"、重"理念"，园本培训则事无巨细，没有一项工作不重要，充分体现了"幼儿园里无小事"的工作特点。可见，园本培训的基础性，是园本教研和园本课程无法比拟的，如果幼儿园只重视通过园本教研和园本课程来为幼儿园"锦上添花"，忽视通过园本培训来培养教师务实、扎实的工作习惯与工作能力，那么表面的辉煌只能成为"昙花一现"。

2. 全面性

园本教研和园本课程涉及的岗位主要是班级教师，涉及的内容主要是幼儿的学习与发展以及班级教师的专业发展。事实上，幼儿的学习与生活不但需要班级教师的服务与指导，还需要医务人员为他们的保健与卫生保驾护航，需要食堂工作人员为他们的营养与膳食精益求精，需要后勤人员为他们的玩具学具与器械材料精挑细选。此外，保安与保洁人员也为幼儿的安全与卫生做着不可磨灭的贡献。以上各个部门都有着独立的岗位职责与工作标准，幼儿园需要通过园本培训统一要求、规范管理、统筹协调。与此同时，幼儿园全体教职员工有老中青三代，有高中低各种学历层次，有党员、团员和普通群众，有来自城市的，也有来自农村的，有家境较好的，也有家境一般的……每个人的家庭情况与性格特点不同，每个人的思想情绪与水平能力也不同，但是幼儿园作为一个大家庭，每个人都要以大局为重、以岗位为重、以幼儿发展为重，只有这样幼儿园才能凝聚人心，呈现出"心往一处想，劲往一处使"的蓬勃发展局面。这种局面未必自然而然形成，需要幼儿园通过园本培训有目的、有计划地推进，有积累地传承。

某市教委新办了一所幼儿园，并抽调一位市级骨干教师李老师担任执行园长。李园长上任之后深有感触地说，自己以前是一个"幼教全科"，现在几乎是一个"幼教全能"。在对幼儿园中层干部和班级教师进行自己非常拿手的业务管理与园本培训之余，她发现保健大夫、食堂师傅、门卫保安、后勤维护人员如果缺乏一定的幼教意识，幼儿园的整体形象和保教质量就会有很多隐患。比如：保健大夫为幼儿检查身体的时候，指导语成人化，幼儿听不懂；当幼儿擅自出门的时候，保安大声吓唬幼儿，幼儿虽然没有走失，但是因为害怕保安，不敢上幼儿园了；后勤人员对幼儿的身高和臂长缺乏关注，幼儿无法使用由后勤人员设计施工的洗手池，等等。此外，新园新班新组合，教师之间存在着因性格不合、思想不开通等问题所带来的消极工作态度，李园长为此还得做教师的思想政治工作和心理健康工作，这时她意识到传统的党团工会还是非常有必要的。

可见，幼儿园是各部门各司其责又密切合作的大家庭，每个部门只熟悉自己的业务技能是不够的，每个人只关注自己的想法也是不行的，必须树立以幼儿为本的整体意识，才能真正做好自己的工作。所以，园本培训的全面性几乎涵盖幼儿园包括园本教研和园本课程在内的所有工作。

3. 灵活性

园本教研一旦确定了教研专题，就不会频繁地换来换去；园本课程一旦确定了宏观框架，就不会随便变动，然而现实工作经常需要幼儿园迎接各种临时任务，及时应对突如其来的新形势与新变化，这时园本培训的灵活性优势就凸显出来了。比如：幼儿园学期工作计划制订之后，上级教育部门出台了新政策新规定或者新的工作要求，这时幼儿园就需要与时俱进地加强学习与培训，使园所工作适应新变化；当社会上出现校车安全事故、教师虐童事件、手足口疫情时，幼儿园就要立即组织教师关注事态发展、自查日常工作、加强工作规范与防范措施；当幼儿园临时出现一些问题与不良现象时，比如家长在教师节攀比送礼或者出现家园矛盾，幼儿园要反应敏感，及时进行正确的引导。总之，园本培训具有"短、平、快"的优势，能适应"计划赶不上变化"的工作速度，这在应对各种临时任务与突发状况方面，是园本教研工作所不能比拟的。

（四）把园本培训当作参观与讲座

虽然很多幼儿园都在自觉或者不自觉地开展有关园本培训的工作，但是人们通常会认为培训需要具有一定的专业性与权威性，有的幼儿园业务主管并不自信有这样的水平，于是在组织园本培训的时候，把"请进来、走出去"作为园本培训的主要形式。聘请专家进入幼儿园进行讲座，或者组织班级教师走出去到其他幼儿园参观学习，成为园本培训的惯常方式。外出参观有利于扩大教师的眼界，专家讲座有利于开拓教师的思路，两者都是非常有必要的。然而，这两种方式主要以"信息输入"为主，难免出现专家讲座内容高高在上，与具体实践相脱离的问题，难免出现其他幼儿园的经验不符合本园园情以及与教师自身状况不一致的问题，两者都不足以发挥园本培训的内在优势。园本培训的意义在于激活幼儿园内部的人力资源，挖掘幼儿园的自身潜力和教师的专长，发挥幼儿园和教师的主动性与独创性，促进幼儿教师边学习边总结边实践，边输入信息边输出信息，让幼儿教师学会提升和传播自身的实践知识，使幼儿园成为园本培训的真正主人。

（五）把园本培训当作训练与比赛

有的幼儿园非常重视幼儿教师的技能技巧，不但招聘教师的时候在弹琴、歌唱、舞蹈、绘画、手工、讲故事等方面严格把关，而且在常规管理工作中也非常重视以上技能技巧的训练、展评与比赛。

在某幼儿园的工作计划中，每学期都有若干项技能技巧的展评或者考核活动，年终还会评选出单项冠军和六项全能冠军。于是，班级教师平时花大量时间练习这些技能技巧，全园上下形成了以技能水平高低来代替专业水平高低的风气，幼儿园也把教师的才艺水平当作对外宣传和吸引家长的重要招牌。

就幼儿教育的特殊性而言，幼儿教师具备一定的才艺很有必要，唱歌、跳舞、画画、讲故事为幼儿营造了梦幻般的童年氛围，但才艺绝不是幼儿教师专业发展的全部内容，也不是最重要的专业标准。国家教育部于2012年3月颁布了《幼儿园教师专业标准（试行）》，从幼儿教师的专业理念、专业知识和专业能力三个维度，对幼儿教师的专业素质提出了62条基本要求，这才是胜任幼儿教育工作的合格教师标准。因此，幼儿园要走出狭隘的教师专业观念，避免一叶障目不见森林、误导教师专业发展的做法。

（六）把园本培训当作训话与考核

在现实生活中，园本培训还容易被操作为简单的提要求、犯错误之后的集体训话以及不关注过程只看结果的考核。有的管理者非常有责任心，经常巡班检查工作，发现问题不留情面，以命令式语言指导工作。虽然训话与考核能够敦促教师及时发现问题、改进工作，但是这种工作方式容易出现管理者主观武断、脱离实际情况、不尊重教师个性以及容易产生干群矛盾等问题。园本培训不仅是管理工作，更是育人工作，管理者在园本培训中对待教师的态度就应该像教师对待幼儿的教育工作一样，多一些理解、宽容、支持、鼓励与帮助，重在以关怀精神为教师的终身学习与专业发展搭建平台，强调管理者与教师之间相互尊重、平等相处。管理者只有尊重教师、爱护教师，以正面指导为主，为教师营造边做边学、互教互学的和谐氛围，才能更好地激发教师的职业热情，提高教师的专业水平。

总之，以上六大误区反映了某些幼儿园对园本培训存在的模糊认识，它们并非绝对的错误，主要是失之偏颇。这也反映了园本培训的发展规律，即当幼儿园教育还不够先进的时候，幼儿园的各项工作都是融为一体、难分彼此的。随着幼教事业的不断发展，幼儿园的各项工作越来越成熟，逐渐呈现出各自的专业性与相对独立性，此时如果幼儿园仍停留在浑然一体的认识与做法上，工作水平就显得滞后了。现在，园本培训已经从以前的混沌状态走出来了，需要幼儿园具备全方位的新认识与新定位。

第二章

谁是园本培训的主人

一、园本培训是幼儿园的责任与权利

二、园长是园本培训的责任人

三、教师是互教互学的主人

四、培养自己的培训者队伍

五、主动整合园内外培训资源

六、主动克服园本培训的局限性

"王老师，这两个学期你带领教研组一直在做科学教育活动，积累了不少课例。有的课例非常好，老师们都争着模仿学习；有的课例还存在一些问题，老师们未必意识到原因在哪里。你好好总结总结，学期末给大家做一次园本培训吧。""好的，没有问题。"这是一次园长与教研组长的对话。就在三年前，当园长提出园本培训任务的时候，王老师说："我们教研组长就是为老师们服务的，我们甘愿做绿叶。"园长说："业务干部不仅是绿叶，也应该是红花，需要发挥专业引领作用。"王老师颇感为难地说："您让我给老师们上一节示范课还行，但是让我像专家一样给老师们做培训讲座，好难啊！我觉得自己没有那么高的理论水平。"园长鼓励她说："没关系，不是让你给老师们讲理论知识，你看的课最多，就帮助老师们梳理梳理教育策略，提升她们的实践经验。先试着讲一次吧，第一次时间短一点，20分钟，怎么样？"王老师经过认真分析案例并查阅相关资料，为全园教师做了一次科学教育总结培训小讲座。由于案例来自老师们的亲身活动，王老师在分析时理论联系实际，总结了操作性很强的教育措施与方法，老师们觉得颇为实用。王老师深受鼓舞，这为她以后承担园本培训任务增强了信心、积累了经验。

案例中，王老师的为难情绪在幼儿园具有一定的代表性。长期以来，大家默认"培训"是"专家"的"专利"，代表着学术权威、学识渊博、理论深厚，幼儿教师能理解专家的讲座内容就不错了，哪敢想登上专家的"舞台"去做培训？现在有了园本培训机制之后情况发生了变化，园本培训服务的对象是本园教师，解决的是本园问题，只有了解本园情况的专业人士才能做好本园的培训，可见，园本培训的主人只能是幼儿园自身。由王老师承担园本培训前后的变化可以看出，园本培训非常锻炼人，经过锻炼的幼儿园教师完全能够胜任园本培训的主人角色。

一、园本培训是幼儿园的责任与权利

继国家教育部相继颁布《规程》与《幼儿园教育指导纲要（试行）》（以

下简称《纲要》）之后，教育管理重心开始下移，教育权力逐步下放，幼儿园办园的自主性逐渐增强，幼儿园也不再像以前一样有可以依赖的全国统一的课程与教材，幼儿园已经成为建构园本课程的主人。为此，幼儿园需要培训自己的教师设计、组织与实践立足本园实际的且适合本园幼儿的教育活动，创设适宜的教育环境。可见，伴随着幼儿教育改革持续不断的深入发展，园本培训是现代幼儿园教育发展的题中应有之义，是幼儿园的责任与权利。

（一）幼儿园应该责无旁贷地承担园本培训工作

教师专业发展是一个不断完善的过程，它发端于学前教育专业学生的系统学习并取得合格的专业成绩，获得一个准教师身份；接着，这些学生作为新教师进入幼儿园从事幼教实践工作；经过大约三年的"试水"与"实战"，她们逐渐适应并胜任了幼儿教师的身份与角色。之后，她们深切地体会到幼儿园犹如"铁打的营盘流水的兵"，小班、中班、大班的孩子换了一茬又一茬，走的是已经长大的孩子，留下的是不断成长的自己。可见，幼儿教师的职业生涯在幼儿园里生根发芽，最终长成庇荫幼儿健康成长的大树；有了这些"大树"，幼儿园才会有鸟语花香、欢声笑语，才会有可爱的童颜、满意的家长、领导的认可、社会的赞誉与坚挺的品牌。因此，一个幼儿教师的专业发展与幼儿园的可持续发展息息相关。幼儿园为教师提供的空间有多大，教师专业发展的舞台就有多大；反之亦然，教师的专业发展之路走得有多远，幼儿园的可持续发展之路就能走多远。

幼儿园发展与教师专业发展是一个互惠互利的双赢关系，所以，幼儿园不仅要"用人"，还要"育人"。联想集团人力资源部负责人蒋北麟曾经用一个形象的比喻来说明这个道理："过去的人才管理把人视作蜡烛，不停地燃烧直至告别社会舞台。而现在，把人才看作资源，人好比蓄电池，可以不断地充电、放电。"在教师专业发展过程中，幼儿园为教师及时"充电"是必不可少的，这样有了"蓄电"的教师才能为幼儿园的发展不断"放电"。所以，幼儿园应该责无旁贷地承担起通过园本培训促进教师专业发展的任务。

（二）幼儿园是职前教育与在职教育一体化的纽带

现代幼儿园处于一个事业大发展的时代，园本培训并不是幼儿园的"单兵作战"行为，而是与整个教育事业的发展脉搏产生共振。首先，国家把幼儿园继续教育纳入整个基础教育继续教育体系之中。1999年9月13日，国家教育部发布《中小学教师继续教育规定》："中小学教师继续教育要以提高教师实施素质教育的能力和水平为重点。中小学教师继续教育的内容主要包括……"第二十二条还特别指出："本规定所称中小学教师，是指幼儿园，特殊教育机构，普通中小学，成人初等、中等教育机构，职业中学以及其他教育机构的教师。"

接着，国家教育部在《2003—2007年教育振兴行动计划》中明确提出，构建"职前和在职教育相互沟通，学历与非学历教育并举，促进教师专业发展和终身学习的现代教师教育体系"。这就需要对教师的培养和培训进行一体化设计，"一次性"的学前儿童师范教育已经不能满足幼儿教师在整个教育生涯中的发展需要，必须强调幼儿教师的职前培养与在职教育的整合，以求幼儿教师在现代社会不断变化的教育实践中，能够持续地提高素质，为我国幼儿园教育现代化建设与发展建功立业。为此，2011年10月，国家教育部正式颁布了《教师教育课程标准（试行）》，这是我国教育史上第一部关于教师教育课程的国家标准，首次从幼儿园、小学、中学三个层次，从职前教育和在职教育两个阶段分别提出了各自的教师教育课程目标，指导教育主管部门和幼儿园从"加深专业""解决实际问题"和"提升自身经验"三个方面加强对在职教师的教育与培训，形成以主题或模块培训促进教师专业发展的在职教育模式。

可见，园本培训已经融入职前教育与在职教育一体化的进程之中，与国家共同承担了继续教育与终身教育的责任与义务，成为学历教育与非学历教育、职前教育与在职教育联系的纽带。把园本培训纳入在职教师培训体系之中，不但有助于解决教师当下的问题，还有助于积累一体化的教师教育经验。在这种大背景下，幼儿园更应该趁势而上，主动参照《教师教育课程标准（试行）》，指导幼儿教师在日常工作中不断地积累园本培训经验，为研发园本培训课程、教材以及形成园本培训特色奠定基础。

（三）园本培训是园所自主发展的权利与动力

《〈幼儿园教师专业标准（试行）〉解读》指出："幼儿园教育的最大特点是针对性、园本性和适宜性。"现代幼儿园已经进入"以园为本"的自主发展时代，以园为本教研制度的建设以及园本课程的建构都在张扬"以园为本"促进园所发展和教师专业发展的潮流。2001年，国家教育部颁布了《纲要》，在总则中指出，"城乡各类幼儿园都应从实际出发，因地制宜地实施素质教育"；在组织和实施中指出，"教师要根据本《纲要》，从本地、本园的条件出发，结合本班幼儿的实际情况，制订切实可行的工作计划并灵活地执行"。这些规定为幼儿园自主办园提供了支持、鼓励和指导，园本教研、园本课程和园本培训都是在这个背景下逐步发展壮大的。

园所自主发展不仅体现为主办者依法办园与开园的自主性，还体现在幼儿园在已有基础之上自主确定园所发展特色，招聘、培养和打造自己的教师队伍。已经有研究表明，持久而深刻的教师专业成长并不在于岗前培训，也不在于工作过程中的脱产培训，而是在于幼儿园的教师团队实际工作中。幼儿园所营造的团队文化，为教师塑造了一种独特的精神品质，为教师的专业发展留下独特的烙印。

某所著名的军队幼儿园，50多年来一直传承着"特别能吃苦，特别能战斗"的军队精神。最近10年来，这所幼儿园也像很多幼儿园一样从社会上广泛招聘教师，新教师并不是军人或者军人家属，但是她们一旦进入这所幼儿园，就会被"无私奉献、忠于事业"的军队园所文化所影响，经过有形的或者无形的园本培训，所有教师在上班时间都保持着高昂的精气神，无论说话、办事、带操、教研，还是走路的步伐、站立的姿势和鼓掌的节奏都是充满朝气的。幼儿园培养了积极阳光的教师队伍，既符合军队文化的特点，又塑造了教师的精神内涵；同时，这样的教师队伍也成就了这所幼儿园追求卓越的梦想。

可见，幼儿园有了园本培训的权利，担负着园本培训的责任，同时也是园本培训的直接受益者。

二、园长是园本培训的责任人

园长是幼儿园的"领头羊"，而园本培训承载着师资队伍发展的重任，所以，园长应该最清楚也最重视园本培训的意义与价值，园长的重视程度是园本培训工作实施的关键。北京市海淀区教委在"十一五"继续教育工作期间，要求幼儿园"建立由园长任组长的园本培训工作领导小组，确定专人分项负责，具体组织实施园本培训工作"；继而在"十二五"期间明确指出："园长是园本培训的第一责任人。幼儿园领导班子要集体研究园本培训工作。幼儿园安排业务副园长和相关工作人员专门负责园本培训的组织实施与管理。"由此可以看出，园长作为园本培训的责任人，承担着管理者、支持者和评价者的角色。

（一）园长的管理角色为园本培训指明方向

众所周知，园长的管理工作千头万绪，让园长担任"园本培训第一责任人"，并不是让园长亲力亲为园本培训的设计、组织与实施工作，而是让园长在思想上重视教师专业发展对保教质量和园所发展的重要意义，尊重和了解教师专业发展的规律，为教师的专业发展指出正确的方向、思路与设想；同时组建"园本培训管理团队"，带领团队研究园本培训工作的特点与规律，为园本培训工作建章立制。客观地说，并不是所有的园长都有这样的站位与思想。全国各地幼儿园的发展水平差异很大，有的幼儿园已经把园本培训做得有声有色，有的幼儿园还停留在向上级"等、靠、要"的被动阶段，这些幼儿园的园长并不注重激发园所发展的内部动力；有的园长行政意识过浓，业务不精，不尊重教育发展的专业性；有的园长存在市场经济导向，过度重视物质与金钱的刺激作用，不注重激发教师发展的内在动力；有的园长存在不良竞争意识，把教育事业办成商业，把教师当作销售人员加以培训，不注重培养教师的教育素养。凡此种种都会影响教师的发展，误导园本培训。

（二）园长的支持角色为园本培训提供条件

园长未必全程参加所有的园本培训活动，但是园长对园本培训的关心与支持应无时不在。首先，园本培训需要园长在物质、经费和环境等方面提供支持。购买教师学习用书，预备教师走出去参观学习的费用，配置组织园本培训所需要的多媒体设备以及空间场地，都是园长需要经常考虑的问题。其次，园本培训还会存在工学矛盾。对于自愿主动参加在职学历进修教育的教师，怎样支持她们一边工作一边学习是园长需要帮助协调的问题。此外，园本培训还会占用教师的工作时间，怎样既不影响教师带班又敦促她们加强学习，也需要园长做好时间管理。据了解，有的园长经常随意占用教师的休息时间做园本培训，虽然这种做法是为了工作需要，支持了园本培训，但是不够尊重教师的休息权益。可见，园长对园本培训的支持，需要统筹规划、合理安排。

（三）园长的评价角色为园本培训提供动力

评价不是一个简单的论断，过程性评价与终结性评价要相互结合、相得益彰。过程性评价更加突出关怀、鼓励与指导。教师平常工作比较繁忙、辛苦，园本培训的设计、准备、组织与实施也需要投入一定的时间与精力，但是培训过程未必完美无缺，培训效果未必立竿见影，有的问题还会反复出现，这些情况都非常需要园长的理解与包容。但是有的园长习惯于"优点我就不说了，下面说说问题"这种点评方式，虽然这种点评直来直去，追求工作效率，但是正面评价过少。其实，教师们特别需要园长的肯定与认可。正面评价有助于教师积累正能量，给日复一日的保教工作提供动力。与此同时，终结性评价也是非常有意义的。园长要善于培养园本培训骨干力量，及时发现在园本培训中多付出、多动脑、有贡献的教师，结合民主评议与举荐，定期举行"园本培训骨干教师""园本培训优秀教师""园本培训优秀案例"等一系列表彰活动，发挥以点带面、榜样带动团队成长的积极作用。

三、教师是互教互学的主人

园本培训是幼儿园促进教师专业发展的一种"自助"行为，培训的对象是本园教师，承担培训的人员也是本园教师。每位教师既是学习者，也可能是培训者，每个人都具有"学"与"教"的双重身份，幼儿园教师由此成为互教互学的园本培训主人。为此，幼儿园需要广泛调动教师的积极性，营造平等开放的人际关系，搭建教学相长的培训平台。

（一）广泛调动教师的积极性

由于一些教师心目中仍然认为园本培训是专家的事情，即使不能总是请专家来幼儿园指导，那也是园长的事情，自己作为带班教师，应该是园本培训中的受训者，只要好好学习就可以了，对自己承担"教"的培训者角色缺乏自信。教师的这种想法可以理解，毕竟很多幼儿园的园本培训还没有形成制度化与常态化，幼儿园在挖掘本园的师资潜力以及培养自己的培训师资队伍方面做得不够广泛和深入，因此，不少教师的园本培训主人翁意识尚未建立起来。为此，幼儿园管理者首先需要广泛调动教师的积极性，不要让她们感觉园本培训是专家的事、领导的事、少数人的事。

园本培训的许多理念与现代幼儿教育理念是一致的。现代幼儿教育尊重人的多元智能，尊重人的独特个性，教育是为了让每个人都在自己的已有基础之上得到发展，而不是用一把尺子去衡量所有的人。园本培训对待教师也是如此。由于每位教师的性格、个性与已有基础不同，所以每位教师的长处与优势也不同，管理者的作用是发挥每位教师在园本培训中的长处，而不是闲置教师资源。比如高学历教师的优势不言而喻，在园本培训中很容易凸显出来，而学历较低的教师从业时间长，积累了大量的实践经验，她们在带领和培养新教师方面就很有优势,那么新教师园本培训的任务就可以交给这些老教师;性格外向、能说会道、聪明伶俐的教师在园本培训中也很容易凸显出来,而那些性格内敛、沉稳低调、不善言辞的教师平时工作踏实,管理者可以利用视频录像或者案例宣讲等方式,展现她们稳健的带班风格,帮助她们在园本培训中发挥自己的作用。

除了教师以外,保育、保健、安全、后勤等各项工作都有岗位能手,她们都能在幼儿园发挥相应的传帮带作用。所以,幼儿园要尊重每个人的优势与长处,让不同的人承担不同的培训任务,让园本培训成为全员行为,让培训学习成为全园氛围。

(二)营造平等开放的人际关系

据了解,有的幼儿园开展园本培训遇到的阻力是教师比较保守,在园本培训中不敢说真话,不敢得罪人,只说好话,缺乏坦诚与信任的人际关系;有的幼儿园是教师不愿意分享自己的宝贵经验,担心自己十几年、几十年积累起来的"家底"一旦"贡献"出来,自己就没有什么优势了;有的幼儿园存在小圈子,几个教师是好朋友,彼此欣赏、热情互助,对圈子以外的教师则不够关心;有的幼儿园则是园领导和业务干部态度比较强势,发现问题不给教师解释的机会,对教师缺乏理解与宽容,凡此种种都是幼儿园人际关系不够平等、不够开放的表现。而园本培训非常需要上下级之间、教师之间建立相互尊重、互教互学、合作分享、同伴互助的人际关系。

幼儿教师群体以女性为主,她们就业比较早,生活与工作的范围比较狭窄,这些因素可能会导致有的教师存在性情单纯、不够成熟或者心思细腻、不够大度等现象。但是如果幼儿园注重园风建设,在全园倡导文明的女性文化,那么女性群体的优势就会得到充分发挥。因此,园领导与干部在日常管理工作中,在处理具体事务的过程中,不但要集中精力解决问题,还要关注一些细节所蕴涵的风气与风尚,自然而然地在幼儿园渗透与树立文明之风。

某幼儿园最初开展园本教研、课题研究以及论文写作活动的时候,教师不知从何做起，园领导和业务干部就会给予许多具体的指导和建议。教师的一篇论文，经常会得到业务干部的点拨以及其他老师的帮助，于是，这篇论文的署名先是园长、业务副园长，接着是教研组长、班主任，或者还有其他帮助过自己的老师或者好朋友，而保育员也是班级成员，再加上她的姓名，这样，一篇千字文的作者就可能至少有五个人。长期以来，这种现象在其他幼儿园也普遍存在。后来，情况渐渐有了变化。因为有的园领导和业务干部意识到自己对教师进行专业引领和指导是分内之事，教师之间相互帮助也是应该的，所以如果园领导、业务干部和其他教师并不是执笔人，没有参与写作，那么论文就只署名执笔教师。从表面上看，这个小小的变化解决的只是一个论文作者问题，其实是在倡导现代版权意识和署名权，倡导业务干部对教师以及教师之间知无不言、言无不尽的互帮互助之风，驱除过度的平均主义思想，鼓励教师独立担当、勤于思考、大胆创新。

上述案例反映了人际关系和团队氛围形成的一种规律。一种团队精神仅靠空喊口号是不行的，它需要一点一滴的积累。如果每一个人面对每一件事时既务实做事，又表现出一种态度，传达出一种精神，那么一种园风园貌就会悄然形成。

（三）搭建教学相长的培训平台

"教学相长"是广大教师耳熟能详的教育规律，园本培训也是一种教育，所以它同样遵循"教学相长"的规律。图1"学习金字塔"特别能说明园本培训在教师专业发展中的促进作用。

从"学习金字塔"可以看出，"教授给他人"不是只奉献无索取的掏空"家底"，相反，它是一种主动的学习方式，在七种学习方式中其学习效率最高，不但能给予别人借鉴与启发，而且自己对学习内容记忆最多、收获最大。可见，有些教师的狭隘顾虑完全没有必要。

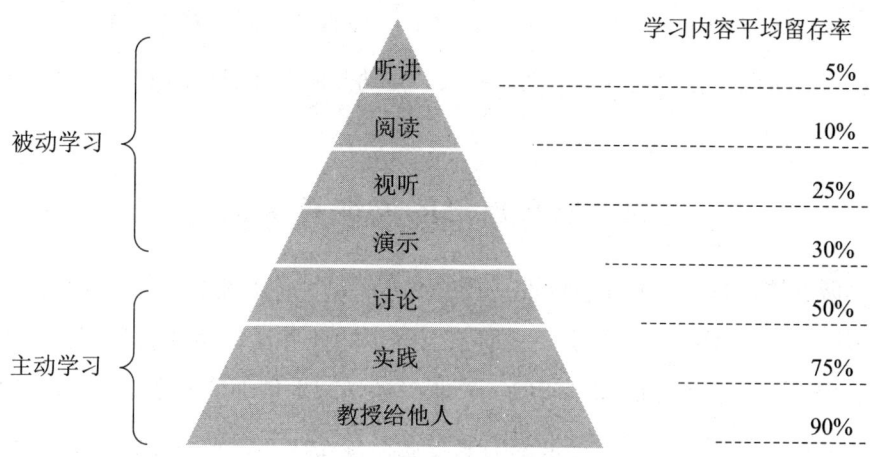

图 1　学习金字塔[①]

"教学相长"不仅体现为培训者本人在园本培训中既"教"又"学"双受益，也体现为教师之间在园本培训中"互教互学"双受益。因为幼儿教育是一个实践性很强的专业，书本上的理论知识与学科知识为教师理解和思考幼儿教育现象奠定了专业基础，但是教师在解决实践问题时所用的策略不是根据任何一本书或者一门学科所提供的知识，而是根据实际情境以综合知识和融会贯通的方式去解决复杂多变的现实问题。在这个过程中，教师掌握了超越书本与理论知识的实践知识与专业能力。实践知识只为实践者所拥有，而且不同的实践者会有不同的实践知识，由于实践知识具有与实践者"如影随形"的特点，所以如果不把这些充满智慧的实践知识挖掘出来，那么这些知识就"隐藏"在实践者本人身上，其他教师"无缘"学习到他们的经验。如果幼儿园搭建互教互学的园本培训平台，让每个教师都有机会分享到他人的实践知识，那么幼儿教师的实践知识与专业实战能力将会成倍增长，幼儿教师的专业发展速度将会大大提升，年轻教师将会大大缩短懵懵懂懂的探索期，骨干教师将会更加年轻化与专业化，幼儿园的发展将会充满活力。

由此看来，教师在园本培训中互教互学、教学相长，每个人在"教"与"学"的双重身份中自如转换，每个人既是影响他人的人，也是受他人影响的

[①] 资料来源：美国缅因州国家训练实验室。

人，这必将激发每个人的自信心与责任心，而自信心与责任心是真正的主人翁意识，所以，教师是园本培训的主人，是幼儿园专业发展的主人。

四、培养自己的培训者队伍

园本培训是一个专业引领性很强的业务活动，绝不能总是停留在你说说、我说说、他说说的浅表层次，长期原地踏步的业务活动会让教师失去兴趣，也浪费了宝贵的工作时间。所以，专业引领是园本培训的基本要素。对于幼儿园来说，最现实的问题是谁来引领专业？首先让人想到的专业引领者就是专家。但是，众所周知，不但专家有限，专家的时间也有限，幼儿园不可能频繁地邀请专家入园指导与培训。专家只能做幼儿园专业引领的"VIP"，难以成为广大幼儿园的"常客"。而园本培训是幼儿园的常态工作，教师的专业发展也是一个持续不断的过程，所以幼儿园必须自力更生，培养自己的培训者队伍，以专家引领为榜样，着力锻炼和提升本园教师的专业引领能力。

（一）重新"充电"，园领导和业务干部首先要提高专业引领水平

一提到园本培训的专业引领者，除了首先想到专家以外，其次就是园领导和业务干部，这种定位是正确的。《幼儿园教师专业标准（试行）解读》中指出："在我国，幼儿园已经形成了不同层次的专业学术组织。在幼儿园内部，有年级组、教研组等业务组织，主要用于研究和解决教育教学等专业事务和专业问题，在幼儿园具有相对的权威性。"可见，园领导和业务干部作为幼儿园"专业学术组织"的管理者和指导者，理应承担幼儿园内部的专业引领重任。

幼儿园的很多业务干部都是班级教师出身，曾经是带班好手、教学骨干，这为业务干部指导班级教师提供了实践基础；班级教师在转身为业务干部之后，应该具备的新能力是业务指导能力与专业引领能力，而不是还停留在比教师更会带班、更会教学的经验操作层面。

有一次，某园一位业务园长查看班级教学活动，执教的是一名年轻教师，她的指导用语不符合幼儿的年龄特点，小朋友们"启而不发"，教师干着急也

打不破沉闷的活动场面。这位业务园长越看越着急，最后干脆叫停执教老师，自己上前代替老师教学了。活动结束之后，业务园长对执教老师说："看到了吗？应该像我这样带领孩子活动。你那样是不行的，还得多练，好好干！"

看得出，这位业务园长对自己的"指导"行为比较满意，但是她恰恰没有意识到自己非但没有履行自身的专业引领角色，还粗暴地干预了教师的专业发展步伐。

业务领导自有专长，但是不能认为自己执教的活动就是"模板"，这是违反"教无定法"的教学规律的。另外，业务指导者的角色不是把"不上路的教师"拽下讲台，或者干巴巴地教训一顿，而是感同身受地走进班级教师的"青涩"时期，拨开她们心中的迷雾。如果在指导教师的时候出现所谓的教师"听不懂""不开窍"的情况，恰恰不是教师的问题，而是业务指导者的问题，是业务指导者没有掌握年轻教师能够听得懂的指导语，没有掌握帮助她们开窍的方式，也就是指导水平没到位。

从业务骨干转身为业务干部，在知识结构与能力结构上与以往会有所不同。以前主要研究幼儿学习与发展特点，现在还要关注成人学习与教师专业发展特点；以前关注的是自己带班的能力，现在要提高带领团队发展专业的能力；以前主要是做好自己的时间管理与目标管理，现在要做好团队的统筹协调与凝聚人心工作。可见，业务水平不等于指导水平，自己干得好不等于能够指导别人干好，园领导和业务干部需要加强学习，重新"充电"，着力提高专业引领水平。

（二）独具慧眼，挖掘教师的已有专长，使其在园本培训中凸显出来

园领导和业务干部应该成为幼儿园最具有专业引领意识和专业引领水平的人，但是这并不意味着园领导和业务干部在园本培训中"唱独角戏"，园本培训需要各个岗位的"领头人"，共同组成园本培训专业引领团队。

由于教师入职时间有前有后、有长有短，也由于教师的自然天赋、兴趣与专长各有不同，加上每个教师的主观能动性有强有弱，所以教师队伍自然呈现出分层与结构，这为园本培训提供了天然的师资来源。园领导和业务干部的任务就是独具慧眼，善于发现教师的优势，挖掘教师的已有专长，使其在园本培训中凸显出来。值得注意的是，园本培训覆盖全园所有岗位的工作内容，因此挖掘教师专长的眼界要开阔。最初，擅长上课的教学能手容易吸引人的注意力，集体教育活动的设计、组织、实施与评价确实是幼儿教师专业发展的重要内容，但是园本培训不能仅限于此。园领导和业务干部还要关注室内活动区指导、室外体育活动组织、常规培养、保教结合、家长工作以及环境创设等园本培训内容；此外，不同于班级保教工作却为班级提供服务的后勤部门各个岗位的园本培训也不可忽视，在这些方面有经验、有想法的教师都应该进入幼儿园管理者的视线。园本培训的视野越宽广，师资队伍的来源就越广泛，园本培训工作就越容易广泛开展。

（三）独特设计，有目的地培育教师特色，不断培养园本培训新骨干

教师的自然兴趣与已有专长固然非常珍贵，但是满足不了幼儿园业务不断发展以及与之相对应的园本培训的需要。一方面，由于现在的幼儿园不是封闭办园，幼教事业大发展的新形势和上级主管部门的指导意见，都会促进幼儿园开展新业务、提升传统业务，因此，幼儿园需要不断地培养新的业务骨干；另一方面，由于幼儿园都非常重视领域教学、园本教研和科研课题，教师的专业反思就会集中在这些内容上。而活动区、户外活动、幼儿常规、卫生保健、环境创设以及家长工作都像自动化的流程一样运行，它们以惯例、常识和经验的形态，而不是以深度专业反思的形态存在于教师的思想意识中。教师做了很多，却想得很少；经验积累了很多，主动反思却很少；日常付出了很多，交流分享却很少。可见，园领导和业务干部不能只重视"重点课题"，而忽视以上非常重要的"普通工作"。

鉴于以上两方面客观因素，幼儿园可以设计独特的齐头并进、分别培养的管理思路，所有的教师都要参加"重点工作"与"重点课题"，同时有意识、有目的、有计划地分别培养教师在"普通工作"上深入钻研，鼓励和指导教师在熟视无睹的"普通工作"中有新发现、新思考，总结新经验，使之凸显

专业深度，帮助教师培育专业特长，为园本培训培养新骨干。

（四）点石成金，帮助教师的实践知识"现身"，让园本培训内容源源不断

园本培训是一种在职教育，但是现代的园本培训与传统的在职培训完全不同。以前的在职培训几乎复制职前教育模式与内容，教师的职后培训以学历进修为主，非学历教育则以业务主管部门组织的在职培训课程为主，培训者以高等院校教师和研究者为主，他们把自己的学术研究和理论研究成果直接传达给幼儿园教师，而一线教师认为这些知识对自己在日常工作中遇到的实际问题缺乏针对性与指导性，因而学习兴趣不大，学习效果不明显。园本培训则务本求实，不可能去复制职前教育体系与模式，但是园领导和业务干部面临的困惑是教师的理论水平有限，如何总结新知识以贡献给园本培训呢？突破这一问题的关键在于树立新的知识观——实践知识。

1. 新知识观让园本培训豁然开朗

实践知识不是理论知识，不是学科知识，也不是教育技能与技巧，而是教师在实际教育情境中用于解决问题而整合起来的综合知识，是教师最信以为真、经常反复使用的实用知识。可是，没有专家的判断，没有书本的记载，这种知识"靠谱"吗？能得到专业认可吗？《教师教育课程标准（试行）》指出："教师是反思性实践者，在研究自身经验和改进教育教学行为的构成中实现专业发展。"《〈教师教育课程标准（试行）〉解读》则进一步明确阐述："教师教育课程不应是理论知识的讲授与记忆，也不应是单纯的实践技能训练，而应该是在理论学习与实践体验的交叉互动中帮助教师建构实践性知识。"这意味着"要正视教师实践性知识的存在，把教师实践性知识纳入其视野，为教师实践性知识的生成与发展创设平台"。可见，实践知识不但在解决实际问题时是实用的、靠谱的，其专业性也是受到认可的，因此，实践知识是教师创造的专业知识，是教师积累的教育财富，创造知识不再只是专家的专利，教师建构的新知识为园本培训开辟了新天地。园本培训的任务就是帮助教师挖掘自身生成的实践知识，并搭建平台让教师分享这些有价值的专业知识。

2. 实践知识需要潜心挖掘才能"现身"

认识到实践知识的存在是让人兴奋的，但挖掘与分享实践知识并不是一件轻而易举的事情。因为实践知识至少具有三个基本特点：情境性、个人性和缄默性。情境性是指实践知识依存于特殊的情境，如特定的年龄、特定的幼儿、特定的场景，是最适合"当下情形"的知识，因此，它复杂多变，具有整体性与模糊性，让人难以综合把握。个人性是指实践知识是以教师的直接经验为基础，融合了个人的知识结构、能力倾向、自我意识以及性格个性，教师在长期的经验探索中自我思考、自我建构，形成了一套对自己特别行之有效的行为方式和策略知识，因此，它具有私人性、专属性，让他人难以知晓。缄默性是指实践知识有一种说不清、道不明的隐蔽性，经常是教师的不经意行为，是教师本人都未必能够明确意识到的知识与策略。首次提出缄默知识概念的英国著名思想家波兰尼将这一特点描述为："我们所认识的多于我们所能告诉的。"可见，实践知识不像抽象的理论知识那样容易被想出来、被说出来、被写出来，它隐藏得很深，犹如深埋地下的宝藏，需要幼儿教师自己去潜心挖掘才会"现身"。

3. 实践知识"点石成金"的五个策略

实践知识的多变性与私密性，需要另外一套方式"点化"出来，业务管理者可以借助反思的锐器、理性的照耀、案例的研发、旁观的点拨和多方式表征等多种方式，让许多实践知识"现身"。

（1）反思的锐器

实践知识具有随机性和偶发性，也就是说在当时的情境中，教师不由自主地采取了一系列行为，实施了一系列策略，环境刺激的出现和教师的应对行动之间的时间差非常短，教师不可能有充分的时间去"冷静"地思考和"全面"地分析，但是作为有思想的教师总会在事后追加思考。教师作为实践知识的主人与创造者，反思让事件回放，让时间"倒流"，然后从事件中"抽身"反思，拿反思作为"镜子"反观自己，让自己对当时"不加思考"的行为"加以思考"，让自己对当时"头脑一热"的行动加以"冷静分析"，从而明察自我，认清自身所"携带"的知识财富与经验策略。可见，教师作为反思型实践者，是通过反思自己的实际行动来分析自己解决现实问题的知识策略的，不是简单地借助于某个理论知识或者某套技能技巧，而是借助于自己在亲身实践中摸索出来的个性化的认识框架。反思使教师将自己的有效经验稳固下来，进而形成自己的实践知识。

一位小班教师发现在日常生活中，总会有小朋友在穿脱衣服时站到老师面前说："老师帮帮我！"接着，就有其他小朋友跟着说："老师帮帮我！"于是，教室里求助声一片，小朋友都等着老师帮忙，不愿意自己动手。以前，这位教师每次都耐心地对小朋友说："请你先试一试，实在是自己搞不定的时候再来找老师。"事实是，她一边鼓励孩子一边还是忙不迭地帮完这个帮那个。

这一天，她突然想尝试一种新办法。她先把自己的鞋子脱下来，然后一边穿一边说："我今天穿的这个鞋子很难穿，不过我要先自己动手，努力地试一试。"然后，她装着很难穿的样子，"终于"把鞋子穿上了，孩子们都看着老师，有一个孩子说："我这个衣服也很难穿，但是我要自己努力地穿，先试一试。"这位教师一听赶紧说："对呀！什么事情都要努力去做，才知道自己行不行，穿衣服也一样！"孩子们都不说话了，开始低下头整理起自己的衣服和鞋子来。教师则在一边观察，看到哪个小朋友动手穿好自己的衣服就夸奖他。其他小朋友听了，赶紧说："我也愿意自己动手穿好衣服。"这位教师说："那好啊！看看我们班的小朋友谁是自己穿好衣服和鞋子的，那他的小手可真是太棒了，非常能干！"经过教师的不断引导，孩子们非常主动地自己穿好了衣服，来找老师检查。看着孩子们的变化，这位教师非常有成就感。她反思总结道："原来，事情并不像我想的那样困难，只要动动脑筋想一个办法，孩子们立刻就像换了一个人。"

鼓励幼儿自己穿脱衣服，是带班教师经常遇到的问题，每个教师都会有自己的解决办法，至于哪个办法对自己班的孩子奏效，唯有亲身实践才有结果。这位小班教师装出鞋子很难穿但自己又努力穿上的样子，带动了全班小朋友自己穿衣服。这个方法经由教师反思总结，成为教师的一个实践经验。

（2）理性的照耀

强调实践知识的独特性与教师反思的重要意义，并不是忽视理论知识学习，相反，正如孔子所说"学而不思则罔，思而不学则殆"。实践知识是理论联系实践的桥梁，如果割裂学与思的联系，实践知识就会因为缺乏理性之光的照耀而陷入狭隘的经验主义，使实践知识停留于浅表层次，甚至存在一些似是而非、真伪混淆的实践经验。

上例的小班教师讲述了自己的实践经历，尝试了一个鼓励小班幼儿自己动手穿脱衣服和鞋子的有效经验，但是她的总结停留在非常粗浅的认识层面。因为教师在日常保教工作中遇到的任何问题得到解决之后，都可以反思为"原来，事情并不像我想的那样困难，只要动动脑筋想一个办法，孩子们立刻就像换了一个人"，所以这样的反思缺乏针对性与深入性，需要进一步用理性思维加以提升，才能发挥它对未来实践的指导意义。教师应该分析这个新方法奏效的原因，使之在思维上合理化。其实，这个新方法奏效至少有两个主要原因：一个原因是小班幼儿年龄特点所决定。对小班幼儿进行干巴巴的鼓励是不行的，这个年龄段的孩子喜欢做游戏，喜欢模仿，这样才能调动他们自己动手的积极性；另一个原因是个别幼儿的带动作用。有一个孩子首先看明白了，他学着老师的样子说："我这个衣服也很难穿，但是我要自己努力地穿，先试一试。"有了同伴作为榜样，其他孩子争先恐后地跟着模仿起来。这两点分析可以为教师的实践经验带来理性之光，以后遇到类似的情境，教师就可以继续尝试这个方法，如果这个方法不奏效，一定是因为出现了其他情况。教师可以再次利用"理性之光"照耀实践的角角落落，力图看清教育实践的真面目。

可见，用理论知识反思实践知识，使得看似偶然、"灵机一动"的实践行为具有了逻辑性，这倒不是人为地"赋予"实践以逻辑，而是尽可能客观地反思实践是否合乎逻辑。《〈教师教育课程标准（试行）〉解读》中说："理论的作用更多的不是指导实践而是促进实践者反思，提升实践者的反思水平。教师教育的目的应是帮助教师通过新的教育理论来理解、检验和批判性地反思自己的实践性知识。"由此看来，有了理性之光的照耀，实践知识会变得更

"靠谱"、更专业。

(3) 案例的研发

实践知识是有生命的"活知识",一旦与具体情境割裂,就会变成抽象的、莫名的、冰冷的"死知识"。只有把实践知识放在真实的生活事例中,它才会生动鲜活、富有生命力,所以指导教师研发案例,可以让实践知识在案例中"现身"。案例可大可小,只要有助于教师表达自己在实践中探索出来的有效经验,就有可能挖掘出教师创造的实践知识。

上例教师探索出来一个鼓励小班幼儿自己穿脱衣服和鞋子的策略,即"老师装出鞋子很难穿但自己又努力穿上的样子"。如果把这个方法从案例中单独剥离出来,别人看了之后一定会觉得莫名其妙,只有再把它放回案例中,并经过一定的理性分析,别人才能明白这个方法的来龙去脉以及使用情境。

小案例展现教师的聪明和机智,大案例容纳教师的集成智慧,所以研发案例的空间很大,教师研发案例研发得越充分,实践知识就"现身"得越丰富。

(4) 旁观者的点拨

俗话说:"当局者迷,旁观者清。"由于自我意识具有主观性与狭隘性,很多人难以超越自我,难以对自我进行比较客观、全面的认识,而旁观者比较冷静,他们的点拨会让人猛然惊醒、茅塞顿开甚至迷途知返。

一位年轻教师因为参与了某幼教专家的区域游戏课题研究而开阔了眼界,增强了专业性,经常代表幼儿园设计和组织对外观摩活动,她所设计的案例与活动也在市区获得过奖项。后来,幼儿园又申请了一个领域教学研究课题,这位教师参加了这个新课题的研究,并承担了教学公开课任务,供课题组教师研讨。但是活动效果不是太理想,大家议论纷纷。这位教师并非接受不了大家的不同意见,而是接受不了教研组长的一句话:"她的优势是区域游戏,集体教育活动她还没上路。"这位教师很不服气,她认为自己作为一名骨干教师,怎么可能"还没上路"?自己参加过课题研究,还得过奖,怎么可能"还没上路"?虽然心里很不舒服,但是教研组长的话刺激了这位教师的好胜心,她憋着一股劲,潜心学习、认真研究。后来她渐渐明白,区域游戏与集体教学有所不同，区域游戏"放"得比较多，集体教学"收"得比较多。长期以来，自己像一个大孩子一样与孩子们玩在一起，乐在一起，自己的性格与游戏的性质天然契合，所以开展区域游戏入门很快。而集体教学活动相对严谨一些，对领域学科的逻辑性以及集体活动的调控性要求较高，自己在这两方面还不是太擅长，所以确实在集体教育活动上"还没上路"。想明白之后，她服气了，同时还非常感谢教研组长给她"泼冷水"，要不是因此打个"冷颤"，她还头脑发热地以为自己一通百通呢。

旁观者的点拨不但让人从沉迷于自我中走出来，而且还让这位教师理清了区域游戏与集体教育活动之间的关系。她以前没有认识到这一点，现在发现了，于是一个新的实践知识进入她的认知框架中，这将为她以后的专业发展注入新知。集体教研、团队合作、同事点拨，有助于使沉睡在实践中的知识"现身"。

（5）多方式表征

实践知识具有缄默性，它不像理论知识那样可以"言明"，经常呈现出"只可意会，不可言传"的状态。但是缄默的实践知识在人们的实践活动中所起的作用非常活跃，正如英国思想家哈瓦斯所说："如果一个组织之中，许多能够增值的知识都是缄默的，那么在知识管理和职业教育中就应当要求人们把这种缄默的知识作为一种心理学和社会学的现象进行深入的理解。"现代认知心理学已有研究表明，缄默知识是可以表征的。如果园本培训的环境和业务管理者的点拨与指导有助于教师"现身"实践知识，那么教师就可以以适宜的方式表征实践知识，这样不但可以使自己明确和积累个人的实践知识，而且有助于集体分享，对其他教师的实践活动能够起到启发与借鉴意义。

①通过对话与交流，以口头方式表征。很多教师在座谈研讨活动中都有这样的体会：自己心中本来有一些疑问，但是当提问的时候，却发现自己好像已经清楚了；当别人提问的时候，自己本想随意说两句，没想到说着说着自己更加明白了；更多的情况是，大家在研讨中畅所欲言，听着别人的意见，想着自己的问题，结果很多疑惑得到澄清了，很多问题得以解决了。这些都是

口头表征带来的效果。很多实践知识都是以感性的、模糊的状态存在于无意识之中，而对话、交流、发言都会经过有意识的思维加工，于是"呼之欲出"的实践知识被"脱口而出"。因此，幼儿园要营造知无不言、言无不尽的开放氛围，树立"言者无罪"的包容精神，让教师积极发言、大胆表达、坦诚对话、畅所欲言，让实践知识呈现出既可意会又可言传的状态。

除了研讨会中的多边对话以外，还有一种培训会的单向交流，也是实践知识的一种口头表征形式。比如班级教师根据实践过程研发的经典案例，经由整理、描述、记录与书写，形成文本案例，在培训会上讲述、宣读或者做报告。这种一对多的单向交流，具有受训者多、信息量大的特点，不但宣讲者本人集中总结了自己的实践知识，也对其他教师建构实践知识具有启发和借鉴意义。

②通过记录与书写，以文字方式表征。"时过境迁"是人世常情，但研究与培训工作的特点是让"时过"却"境不迁"，留住时间、回放情境、反思事件，争取当"事后诸葛亮"，以便积累经验、吸取教训、挖掘实践知识。于是，记录与书写作为展现历史的传统形式，以超越时空的优势为我们反思工作、改进工作提供了保障。在园本教研过程中，幼儿园教师已经形成做教育记录、研发案例和撰写论文的习惯，但是很多幼儿教师还是谈"写"色变，一动笔就不知所措、抓耳挠腮，不敢写、不爱写也不会写，这已经成为阻碍幼儿教师专业发展的瓶颈之一。

整理文本从表面上看是书写活动，其实是一个反思过程，是自我与实践活动进行无声的、深度的、诚实的对话。这种能力不加强，实践知识就总是处于"心中有而笔下无"的状态，而贫乏、苍白的文本表征能力会让教师的很多实践知识长期沉睡而无法苏醒，会让教师的很多随机教育智慧随着时间流逝而渐渐淡化消失。留不住教育财富，实践知识无法通过文本传播，既是教师个人的遗憾，也是一种团队的损失。因此，文字表征能力既是园本培训借以深入开展的一种形式与途径，也是幼儿园应该加强指导的园本培训内容。

③通过录像与视频，以图像方式表征。随着幼儿园现代信息技术水平的提高，运用各种电子设备的录像与视频功能实录班级教师的教育与教学活动，

已经成为幼儿园开展研讨交流活动的惯常手段。从回放情境的角度而言，录像与视频比文字记录更加原生态，生动丰富的原始图像直观地再现了教育环境、师幼互动以及教师的言谈举止。很多教师都有这样的体会：上完课再看自己的录像，发现自己原来说话那么啰唆，有些不经意的动作实在多余，再仔细听听自己与幼儿的对话，有些指导语还不够到位。此外，教师从录像中还发现有些幼儿的行为是自己在现场没有关注到的。这些信息都会给教师留下深刻的印象，帮助教师更加清晰地意识到自己以前毫无意识的现象与行为。与此同时，录像与视频具有暂停播放、选择性片段播放和重复播放的功能，可以让教师边观察边思考边研讨，增加了对现场活动进行反思与点评的频次，为教师深入思考、提升经验提供了机会。

④通过行动与观摩，以行为方式表征。园本培训的最终目标是促进教师实践能力的提高，它通过对"事中"教育活动的观察与了解，进行"事后"的点评与指导，以提高教师对"事前"的认识，为教师以后在"事中"提高处理问题的能力奠定基础。也就是说，园本培训效果不能仅仅停留在认识阶段，最终还是要通过教育行为表现出来。教师在行动中检验自己的认识是否符合实际情况，检验别人的实践经验是否适合自己的现场情境，体验自己是否有所突破和发现。亲力亲为的行动激活了静态的知识，并为新知识、新经验的诞生提供了机会。因此，园本培训的最后一个环节一定是落实在行动之中。除了教师自觉的、零散的个体行为之外，专门设计与组织的观摩与示范行为也具有非同寻常的意义。承担公开活动的教师把自己的教育行为当"靶子"，供大家静心观察、自由研讨，不但有助于其他教师提高认识，也为自己提供了一次借别人的慧眼进行多维度审视自我的机会，这些都有益于实践知识的增长。

以上四种表征方式以各自的特点和各自的优势，为实践知识发挥着"点石成金"的效果。在实际工作中，它们经常会融合在一起，共同促进教师实践知识的诞生。

五、主动整合园内外培训资源

众所周知,园本培训存在资源有限的问题,有效解决这个问题的关键是幼儿园开拓思路、开放办园,主动引进和整合一切可以利用的园内外培训与学习资源,以挖掘园本培训的潜力,丰富园本培训的内容,强化园本培训的专业性,提高园本培训促进教师专业发展的效力。

根据目前的社会发展背景与教育环境,幼儿园可以在以下四个方面主动整合培训资源。

(一) 充分利用园内资源

园本培训与高等院校培养教师的一个主要区别,就是激发幼儿园的内部活力,发现和培养"土生土长"的园内人才,让其充分发挥了解"本土"、基于本园的培训优势,促进幼儿园真正在自己的起点和基础之上脚踏实地地迈入可持续发展之路。因此,园本培训首先要立足本园,充分利用园内资源,帮助所有教师在园本培训中成为互教互学的主人。同时,幼儿园还要培养自己的培训者队伍,强化本园教师的专业引领意识与能力。

(二) 充分利用园际资源

园本培训是幼儿园的责任和权利,很多幼儿园已经意识到这一点,并开展了丰富多彩、富有创新的园本培训活动。对于起步较晚的幼儿园来说,参观其他幼儿园的现成做法,了解其他幼儿园的已有思路,可以避免自己从头摸索园本培训特点,使自己的工作在较高的起点上启动。对于力量薄弱的幼儿园来说,主动向其他幼儿园请教,从模仿开始做起,逐渐提高自己的认识,将有助于自己积累园本培训经验。对于师资力量较强的示范幼儿园来说,向其他幼儿园辐射自身的优势资源,既是示范园应尽的义务与责任,同时也有利于促进自身的发展。一方面,园本培训骨干在观摩与展示活动中要经受锻炼;另一方面,业务管理者需要梳理自己的工作经验,总结园本培训规律,因此，幼儿园的实践水平和理性认识都将在示范过程中得到提升。

（三）充分利用专家资源

专业引领是园本培训的必要条件，有些幼儿园的专业引领能力有限，这就需要援引园外的专业资源，充实自己的园本培训力量。幼儿园可以主动联络与沟通，充分利用高等院校、科研院所、图书馆、科技馆、文化馆、社区等园外资源，聘请相关专家、学者指导园本培训。有条件的园所可以采取合作的形式，定期或者不定期地邀请他们直接参与园本培训。

（四）充分利用网络资源

现在的网络资源非常丰富，充分利用网络所带来的源源不断的新资讯，是性价比最高、最快捷的现代人学习手段。有些省市区县还建立了自己的教师研修网、继续教育网，对园本培训发挥着更强的区域指导功能。现代幼儿教师应用网络资源的兴趣和能力都很强，如果幼儿园再加强支持与指导，幼儿园和幼儿教师将会一改以往的封闭状态，与整个教育体系和社会发展同步前行。同时，幼儿园还要意识到网络资源存在良莠不齐、信息浩瀚如海的问题，需要引导教师具有一定的明辨是非能力和专业判断能力，这样才不会在网络中迷失方向，才能使网络资源在园本培训中发挥正能量。

六、主动克服园本培训的局限性

幼儿园作为园本培训的主人，可以体验到园本培训在促进教师专业发展和园所质量提升中所产生的特殊意义。与此同时，还要认识到园本培训不可避免地存在一些局限性，需要幼儿园主动加以克服，以充分发挥园本培训的优势。

(一)依赖性

园本培训既然是基于本园的实际需求,由本园所承担的在职教育活动,那么园本培训的效果与质量就取决于本园的培训能力。由于园本培训对培训师资、参考教材、设施设备、空间场地以及培训资源都有一定的要求,而每个幼儿园的办园条件存在一定的差异,这就会导致园所之间的园本培训水平有一定的差异。除了对办园条件的依赖性以外,园本培训还特别依赖园领导和业务干部的专业引领能力。园领导和业务干部在高度重视园本培训的同时,还要理解教师专业发展的规律,尊重成人学习的特点,善于制订园本培训计划与方案,努力培养自己的师资队伍,做好园本培训的指导与评价工作,使园本培训制度化、常规化、有创新。

此外,园本培训所处的大环境也很重要。幼儿园上级业务主管部门的指导与监督可以为园本培训指引方向,搭建学习与交流的平台可以为园本培训开阔思路、答疑解惑,这些都是幼儿园非常需要的外部支持与专业引领。

(二)封闭性

园本培训主要是在本园实施的教师培训活动,而本园教师具有很强的同质性,很多教师来自周边社区,毕业于同一城市甚至同一学校,大家在经历、学历、视野、兴趣和水平等方面差异不大,这样容易导致大家的思维方式相似,语境单一狭窄,在交流研讨的时候缺乏创新与突破。如果是新办幼儿园,师资队伍可能还没有形成梯队,导致专业引领力量薄弱。另外,由于幼儿园的日常工作主要是在园内进行,与外界接触较少,再加上有的幼儿园较少外派班级教师去其他幼儿园或其他城市参加观摩与学习培训活动,幼儿园的知识与信息缺乏交流与更新,那么园本培训内容可能会显得保守、陈旧、老套,甚至闭门造车、故步自封。

(三)狭隘性

幼儿园工作的特点是岗位职责细致严谨,实操性很强,注重实践经验,对抽象的理论知识具有天然的排斥性。即使有一套宏大的、完美的幼儿教育理论体系，幼儿教师在面临实际问题的时候，调用的还是自己积累的一套实践知识。这样容易导致幼儿教师经验至上，排斥理论知识的学习，而我国幼儿教师本来就存在学历水平较低、学习能力不足的问题，这两个因素叠加在一起，使得幼儿教师容易缺乏理性之光的照耀，不利于实践知识的反思与建构。有的教师还存在工作时间越长，实践经验越丰富，自我优越感越强，越不愿意自我更新，这种状况阻碍了实践知识的修正与创新。与此同时，有的幼儿园在专业引领上过于偏重才艺与技能技巧，不善于引领教师进行理论学习、锻炼理性思维，这样把理论与理性放在可有可无的边缘地带，将进一步把园本培训推向狭隘境地。

（四）重复性

幼儿园教育是围绕幼儿一日生活而进行的平凡工作，幼儿每天的生活循环往复，教师每天的工作就循环往复，可以说，重复是幼儿园工作的常态。重复让人的工作进入自动化流程，有利于提高工作效率，同时也会带来惰性。于是，有的教师认为自己已经非常熟悉日常工作，即使不学习，不参加培训，不是照样带班吗？孩子在自己的手里没磕着没饿着，不是好好的吗？这种思想意识阻碍了园本培训的发展动力。另外，有的幼儿园教师更替频繁，不断有新教师入职，有的园本培训内容就需要不断重复，这也容易导致园本培训固守原样、流于形式、走走过场。

但是重复并不意味着低水平徘徊，工作流程是稳定的，但幼儿是不断发展变化的，我们所处的社会环境更是变化迅速，而且新入职的教师也带着浓厚的时代气息，这就要求我们的思想观念、教育方法与工作方式必须跟上时代发展的步伐，这就需要园本培训引领幼儿教师不断超越自我，了解幼儿教育研究新成果，创新教育方法与工作方式，使园本培训工作开展得有声有色，从而促进幼儿教师的专业发展走向新时代。

（五）零散性

由于园本培训是根据幼儿园的实践需要来推进的，而实践需要是复杂的、多样的，也是多变的，具有很强的不确定性；而且园本培训内容涉及幼儿园的各个岗位，所以园本培训经常是一个专题接着一个专题地持续进行，专题之间未必有联系，这样园本培训容易显得零散，缺乏系统性。岗位职责和岗位技能培训也是按照条目一条一条地传授与指导，更是显得零碎。零散的园本培训内容一方面涵盖了幼儿园各个岗位的各个方面，使园本培训无盲点、无死角；另一方面也让幼儿园工作呈现"碎片"状态，干扰园长和业务干部思维的系统性。因此，业务管理者要加强园本培训的规划性，摆脱忙于应对的疲惫状态，锻炼自己的整体布局能力。

以上园本培训的局限性反映了园本培训的客观规律，不了解它们就可能无意识之中受之所限，了解它们就可以有意识地突破其局限。万事万物都是利弊并存的，事在人为是关键。幼儿园只要主动探索、因势利导、趋利避害，最终将促进园本培训工作扬长避短，优势尽展。

第三章

怎样选择园本培训内容

一、园本培训内容的主要来源
二、园本培训内容的选择依据
三、园本培训内容的目标取向
四、园本培训内容的实施原则

某幼儿园正在实施主题教育园本课程，大班李老师准备与小朋友一起开展"我爱北京"的主题教育。因为国庆节放假回来之后，小朋友们非常兴奋地谈论爸爸妈妈带自己在北京城游玩的经历。根据小朋友们刚刚建立起的新鲜经验和浓厚兴趣，李老师与小朋友们共同确立了"吃在北京""玩在北京""看在北京""美在北京"四个主题分支。

可是，李老师是个从外地新调来的老师，对北京城不是太熟悉。于是她利用业余时间上网查阅资料，收看一些视频。园长得知之后，为了支持李老师建构课程，也为了帮助新教师熟悉北京城、建立归属感，联系了一家旅行社，组织刚来园一年多的五位新老师利用双休日跟随旅行社参加"北京一日游"活动，老师们非常高兴。在建构课程的关键时期，幼儿园及时给予的支持、旅行社的专业讲解和自己的亲身体验为主题教育增添了热情与活力，李老师感觉自己与小朋友们的快乐完全融为一体了。这个主题教育开展得非常生动而丰富，期间还恰巧接待了上级领导检查和其他幼儿园同行观摩的任务，李老师的教育活动和环境创设受到一致嘉许。

园本培训犹如及时雨，丰富了教师的阅历，解决了教师的实际困难，不但有助于教师提高教育教学实践能力，而且还培养了教师对幼儿园的归属感，让教师感受到幼儿园是自己专业发展与快乐成长的精神家园。所以，选择合适的园本培训内容很重要。

一、园本培训内容的主要来源

园本培训内容没有固定的教材与课程表，业务干部应该根据幼儿园的实际需要选择和安排适合的培训内容。但是，有的业务干部可能还是会觉得实际工作丰富、多变，对园本培训的切入点摸不着头脑，因此，业务干部需要了解园本培训内容的主要来源。

（一）了解与调查班级教师的需求

了解与调查本园教师的实际需求，然后有针对性地开展园本培训，这是最接地气的培训内容，那么怎样了解与调查本园教师的实际需求呢？

1. 自下而上：关注教师的主动询问

在日常工作中，班级教师和其他岗位的职工经常会遇到这样或者那样的实际困难或问题，有些困难她们可以自己克服，有些问题则在认识与做法上存在一些困惑，需要幼儿园及时给予指导与培训。

《3—6岁儿童学习与发展指南》（以下简称《指南》）在艺术领域教育建议中明确指出："幼儿绘画时，不宜提供范画，特别不应要求幼儿完全按照范画来画。"对于某幼儿园来说，"不宜提供范画"这个要求其实并不新鲜，以前贯彻《纲要》精神时就已经向教师提出要求："不要训练幼儿统一画模式化的简笔画，要培养幼儿的观察力、想象力和创造力。"现在，《指南》作为国家级文件，明确提出这个要求，那么班级教师就要彻底放弃范画教学法。但是还有教师问："不教范画，孩子画得乱七八糟的，怎么向家长交待呀？同行来参观的时候，会不会说幼儿的绘画水平太差？没有范画，以后美术教学该怎么做？"还有的教师说："不教就不教呗，孩子画成什么样就是什么样，老师倒是省心了。"

对于教师的疑问和说法，该园的业务干部最初有一种"沉渣泛起"的感觉：更新教育观念都已经这么久了，老师们怎么还会有这些想法？但是业务干部马上就控制了自己的消极情绪，转而反思：指导教师与教育幼儿其实是同一个道理，教育幼儿的时候要接过幼儿"抛过来的球"，不能以自己的主观愿望责怪幼儿把球抛偏了，园本培训也应该持"接球"的态度，老师有什么问题，园本培训就解决什么问题。于是，业务干部根据教师的真实问题，通过阅读学习资料、提供教学案例以及展开广泛研讨与反思等形式，逐步推进培训，这样持续了两个学期。新学年开学之后，教师已经没有范画教学的疑问，各个班级都深入进行了"去范画教学"之后的教学法探索活动。

可见，幼儿园应该接纳教师提出的任何问题，不要以为教师的问题很基础、比较粗浅而表达出不屑、不耐烦或者批评、指责的态度，否则，教师以后在提出问题时就会有所顾忌，这样就会妨碍业务干部了解教师的真实需求。幼儿园要本着提高保教质量的目的，毫无偏见地关注并指导教师的实际工作。

2. 自上而下：观察教师的实际问题

业务干部一方面关注班级教师自下而上的主动需求，另一方面还要从自上而下的角度检查班级工作，发现问题之后仔细分析教师出现问题的原因以及关键症结之所在，然后开展相应的指导与培训工作。

在一次全园性常规检查与观摩活动中，某园的中班幼儿在独立进餐方面出现很大的差异。中一班的绝大多数幼儿不但能自己吃饭，而且还会使用筷子。中二班有三分之一的幼儿还在等待老师喂饭。中三班存在幼儿在家里吃饭较多，在幼儿园吃饭较少的现象。中四班的小朋友吃完饭后桌面和地面都比较干净。年级组长认为中二班和中三班幼儿存在问题的主要原因是这两个班的班主任都是从小班跟上来的，对幼儿的生活照顾得比较多，而且她俩性格温和，很有耐心，容易迁就幼儿。中一班的班主任则是刚带完上一届的大班，她习惯了大班幼儿较强的生活自理能力，于是对中班幼儿也没有放松要求，所以中一班幼儿"捷足先登"。中四班教师连续三年都带中班幼儿，而且做事一贯干脆利落，这也形成了她的带班风格。这些现象说明教师带班受个人经验和个性影响比较大，客观上存在对不同年龄阶段的教育要求不是很清楚的现象，常规培养方法也不是很到位，因此幼儿园需要做一个专题培训，与教师一起梳理清楚中班幼儿的年龄特点、教育目标和教育策略，为班级教师做好一学年的工作打好基础。

3. 问卷调查：收集整理教师的愿望

除了自下而上和自上而下的互动以外，幼儿园还可以采取发放调查问卷的方法，广泛征集教师对园本培训的愿望。如果只是征求意见，而不是利用问卷进行课题研究，那么设计一个简单的问卷就能达到调查的目的。比如给每位教师发一页纸，提出一个小问题："请列出三项您最希望得到的园本培训内容。"然后对问卷进行整理，统计出教师提出最多的培训内容，以及排在第一位想最先得到指导的培训内容。这两个维度的问题统计出来之后，业务干部就可以按照先急后缓、先多后少的顺序安排培训内容。这些问题来自教师的真实愿望，由此选择的培训内容也应该是最能帮助教师"解渴"的。

（二）整体设计园所的长远发展与梯状目标

园长是幼儿园发展的"领路人"，最了解幼儿园的整体情况和师资队伍状况，她应该有一个清晰的办园思路和渐进的发展规划，这样才能引领师资队伍和保教质量有序提升。一般情况下，幼儿园要先做到"规范办园"，才能做到"特色发展"。规范是基准，它本身也是有级别的，先是合格幼儿园，再是二级幼儿园、一级幼儿园，然后争取办成区县示范园、省市示范园。按照级别一步一步地申请验收、达标挂牌，只有这样，幼儿园的软硬件条件才是逐步改善的，办园质量才是过硬的。其间，每次升级都伴随着管理水平与师资质量的提升，伴随着更高一级的软硬件基准提升。如此一来，一步又一步、一级又一级，都有园本培训随之到位。园本培训内容就可以按照级别验收标准逐步展开，每学期都会有重点工作，每学期的园本培训都会非常务实。

然而，现实情况并不理想。很多地方对幼儿园的规范管理和级别考核并不到位，在缺乏有效引领的情况下，有的园长就凭着个人喜好和狭隘经验确定发展思路。有的园长深受市场导向影响，急于求成，在幼儿园软硬件条件还不过硬的情况下，就急于搞"特色建设"，在物质投入、办园理念、课程设置、师资招聘与培养等方面过度追求"与众不同"，结果幼儿园工作也可能有"亮点"、有"创新"，但是园所发展缺乏整体规划，业务管理缺乏系统性和有序性，园本培训内容东一榔头西一棒子，教师专业发展并不扎实。

（三）领会上级主管部门的部署与要求

如果说园长是园所发展的"领路人"，那么上级主管部门就是指引园所发展方向的"灯塔"。"领路人"要看"灯塔"，才能判断自己的行进方向是否跟上主流导向。现在，幼儿园教育事业得到政府的高度重视，一系列具有里程碑意义的政策与法规相继研制出台，然后上级主管部门逐级启动执行、指导培训，敦促幼儿园跟上发展形势、提高办园质量。

　　园长和业务干部在接到"新精神"之后，会及时传达给全体教师，通过各种形式的园本培训活动加强学习。与此同时，园长和业务干部也会有一定的压力与困惑，似乎新形势的发展来得太快，有一种唯恐跟不上的紧迫感，甚至有的园长觉得"应接不暇""不知所措"。其实，不断出台的"新精神"其目的是为了逐步完善幼儿教育事业，它们是遵循幼儿教育基本规律的，因此园长和业务干部只要把握住幼儿园的核心工作，就会产生"以不变应万变"的从容感。幼儿园的核心工作就是通过教师专业发展促进幼儿园教育的专业化，而教师专业发展紧紧围绕着幼儿园课程建设的推进。因为课程具有把一个幼儿园的核心要素统筹在一起的功能，如幼儿、教师、家长、管理、环境、社区资源等幼儿园一切软硬件要素。此外，课程还把幼儿园教育所涉及的三个主体，即幼儿的健康成长、教师的专业发展、家长的教育提升，凝聚为"三位一体的团体中心"，最终使幼儿园的教育关怀惠泽每一个与它产生互动的人。所以，优质的幼儿教育是建立在优质的课程体系基础之上的。因此，《〈幼儿园教师专业标准（试行）〉解读》指出："在课程建设中促进幼儿园教师专业成长……教师是幼儿园课程发展重要的推动力量，幼儿园课程的建设和发展推动了教师队伍的发展和成长。"可见，抓住了幼儿园的核心工作，业务工作和园本培训就有了"主心骨"，也就有了应对新形势和新要求的实力。

　　有一位园长管理着一所规模较大的幼儿园，而且因为该园是示范园，所以在上级主管部门部署的各项新任务中都得起到率先垂范的作用。在私下交谈的时候，有人问这位园长，不停地接新任务，累不累？这位园长说："有忙就有累，这是不可避免的；不过还行，没有疲惫不堪的感觉。"别人说："那是因为你学问多，能力强。"这位园长说："也不尽然，这里面是有'秘密'的。"一听说"秘密"，其他园长特别急切地洗耳恭听。这位园长说："我是开玩笑的，不算秘密。其实抓住幼儿园的三件大事就行了，即规范管理、教师专业化和幼儿发展。我园所有的工作都围绕这三个中心任务展开。所以，不管是教委要求贯彻《纲要》，还是政府指导创建学习型组织，以及每年的对外开放、示范园考核，还有当前的督导、落实《指南》等，我们都是把同一套东西拿出来，其中新做的工作只是根据'新精神'调整一下已有的工作。所以，每次任务来一个，忙一小阵子，之后又恢复了常态工作。"

这位园长的解释很有道理，幼儿园的核心工作就是园所的常规工作，园本培训作为常规工作之一，虽然培训的具体内容丰富多变，但核心内容是相当稳定的。因此，园长和业务干部要善于围绕核心工作选择培训内容，并根据上级主管部门的新部署与新要求改进与完善培训内容。

（四）参观与借鉴其他园所的状况

"以园为本"的自主发展潮流使幼儿园既兴奋又紧张，既雄心勃勃又很有危机感。幼儿园以只争朝夕的态度改革创新，尤其是围绕课程建设的创新更是层出不穷。大家都很清楚，在这个时代不加强学习、不创新、不交流，必然会落后于别人。所以，我们深切地感受到全国各地的幼儿园对信息交流、教师培训和专业学习的热切期盼，大家争相"请进来、走出去"，互相沟通、互相学习，看看别人、反观自身，唯恐自己"不进则退"。很多幼儿园为解决工学矛盾，派教师轮流出去参观、进修、学习，并委之以把先进经验带回来的重任，于是出现了现代教师培训的"壮观"场面。讲座或者参观、观摩一开始，教师们就已经架好了摄像机，打开了照相机或者手机、IPad等电子设备的录音录像功能，记下在外参加学习培训与观摩的全程或者精彩片段，以便回到幼儿园之后与其他老师分享。由此一来，这些教师就从受训者转化为培训者的角色。也许最初的培训主要是播放录像或者"鹦鹉学舌""照猫画虎"，但这是园本培训内容的来源之一。幼儿园支持幼儿教师主动学习、主动求发展的举措，使幼儿教师迈出了有望开启园本培训新未来的第一步。

（五）主动请教与邀请专家指导

园本培训既立足于本园现实，着眼于解决当下问题，同时也需要一定的宏观架构，有的园所在这方面有时会力不从心。园本培训还具有一定的局限性，有的园所视野有限，发现问题与分析问题的能力有限，园本培训会出现内容狭窄、原地踏步，甚至闭门造车的困境。以上两种情况都需要园本培训越过幼儿园的围墙，主动请教相关专家给予支持。请专家入园指导，不能局限于只请专家做讲座。专家讲座是有必要的，但是讲座集中于专家自己的研究领域，未必是幼儿园最需要的内容，幼儿园的实践基础也未必能与专家的研究成果相对接。为此，幼儿园需要把园本培训的相关资料与内容呈现给专家，让专家对园本培训的已有做法和现状都有所了解。为提高专家入园指导的效率，幼儿园应该做好相关准备，比如整理园本培训的档案资料供专家阅读以了解情况，撰写并宣读园本培训工作汇报供专家为幼儿园理顺思路，组织一个园本培训现场活动供专家点评，等等。幼儿园准备得越充分，越有助于专家给予专业判断及理论上的支持，这将成为幼儿园调整园本培训思路与内容的主要来源之一。

（六）应对临时任务与突发情况

应对临时任务与突发情况，是园本培训灵活性的体现，是园本培训的优势。临时任务和突发情况成为园本培训内容的主要来源之一。

某幼儿园开学之后，就按照新学期计划逐步开展工作。一个月以后，该园接到教委举办"体育活动案例评优"的通知，于是幼儿园马上设计和组织园本培训：一方面鼓励教师踊跃参加教委组织的评优活动，这是促进教师提高工作水平、展现教师工作成绩的好机会；另一方面，业务干部指导教师创新体育活动形式，带领教师一起温习体育活动案例的基本形式，为教师参加评优活动做好实践准备与案例书写准备。这次园本培训的效果很明显，不但有很多教师在评优活动中获奖，而且也理顺了该园体育活动以前所存在的计划与案例要求模糊不清的状况。

某所由事业单位创办的幼儿园，正常放学之后却不能按时闭园。因为事业单位的员工下班的时间与幼儿园放学的时间一样，所以家长赶到幼儿园接孩子的时候，会延迟将近一小时；还有一些员工经常加班，也会出现晚接孩子的情况。于是，幼儿园与社会上的幼儿教育培训机构合作，提供了放学后的延时服务项目，这样既能保证本园教师按时下班，又能满足家长延时接孩子的需求。尽管幼儿园尽量周密安排，但是在与培训机构合作的第一天就出现了很多意想不到的事情，比如幼儿进错班级，家长接错班级，幼儿的衣服鞋帽摆放错乱，合作单位教师不熟悉幼儿及其家长，等等。为此，园领导召开紧急会议，商讨解决问题的方案。第二天在放学之前，幼儿园就组织了园本培训，指导教师掌握正常放学时间与延时服务班之间的交接方法，掌握确保幼儿安全的工作制度以及提高家长对延时服务满意率的工作策略。

二、园本培训内容的选择依据

由于园本培训内容是基于本园的需要而设计的，又由于园本培训具有一定的局限性，所以在选择了园本培训内容之后还要对之进行判断，判断它们是否符合党和国家的教育要求，是否符合幼儿教育的科学规律，是否符合当今继续教育的指导精神。根据当今幼儿园教育事业所处的社会背景，园本培训内容的选择依据主要有三个方面：《规程》《纲要》与《指南》的指导精神，《幼儿园教师专业标准（试行）》的基本要求以及《教师教育课程标准（试行）》的指导。它们都是教育专家根据党和国家的教育事业发展规划，根据幼儿教育的基本规律与特点，制定出来用于直接指导幼儿园教育工作的，所以它们是幼儿园整体工作和园本培训工作的指南、方向和依据。

（一）《规程》《纲要》与《指南》的指导精神

国家教育部于1996年颁布了《规程》，于2001年颁布了《纲要》，于2012年颁布了《指南》，这三大纲领性文件是幼儿园开展各项工作的依据，它们在指导精神上是完全一致的，同时又各有侧重。《规程》指导幼儿园加强科学管理、依法办园、规范办园；《纲要》指导幼儿园加强课程建设，提高幼儿园教育的科学性与专业性；《指南》指导幼儿园教学合一，促进幼儿园教育，真正促进幼儿的学习与发展。园长和业务干部要经常用这三大文件审视幼儿园的各项工作，园本培训工作也是如此，在做计划、选择、判断和总结、反思的时候，都要遵循《规程》《纲要》与《指南》的指导精神。

调查发现，有的幼儿园存在轻视甚至不知道《规程》《纲要》《指南》，却不以为然的现象。

某所非常重视媒体宣传，也比较有名气的幼儿园引进国外的某个幼教理念打造自己的园所特色。她们在教育服务上非常尊重家长的个性化需求，师生比例为1:2。该园虽然教育收费很高，却颇受周边小区家长的推崇。实地考察后发现，1:2的师生比例导致教师过度保护孩子。该园教师说，这里的孩子"磕不起"，家长缴费高，买的就是安全与放心。因此，该园的户外活动场地狭窄，幼儿一日生活作息安排中不能满足《规程》所提出的"幼儿户外活动时间在正常情况下每天不得少于2小时"的要求，更何况这所幼儿园还是寄宿制幼儿园，户外活动时间应该"不得少于3小时"。当大家对此有所质疑的时候，该园园长说："我们的孩子很少生病，他们吃得好着呢！家长对我们的伙食也非常满意。"当谈到课程的时候，该园园长大谈特谈幼儿园所推崇的国外教育理念。当谈到《纲要》时，该园园长说："哦，那个呀，我知道的。不过，咱们国家的幼教水平低，我们的水平远远高于普通水平。"这所幼儿园也非常重视园本培训，但主要集中在教师的英语口语与教学水平方面；也特别重视现代信息技术培训，因为教师每天都要给家长写幼儿在园生活的日记，给家长发送幼儿在园学习的照片。

其实，该园在保教并重、幼儿作息安排、幼教全科、课程设置等方面都是违反《规程》与《纲要》规定的。该园一味迎合家长，缺乏专业自主性；一味推崇国外教育理念，藐视国家幼教精神，这些违反科学性与专业性的做法以及不自知、不反省的状态，都是令人担忧的。

（二）《幼儿园教师专业标准（试行）》的基本要求

《幼儿园教师专业标准（试行）》是国家对合格幼儿园教师专业素质的基本要求，是幼儿园教师培养、准入、培训、考核等工作的重要依据，它的出台"标志着我国学前教育师资队伍建设跨入了科学化和专业化的新的历史阶段"（庞丽娟，2012）。《幼儿园教师专业标准（试行）》从4个基本理念、3个维度和14个领域对幼儿教师提出了62条基本要求，它们构成了幼儿教师在职培训的基本框架。幼儿园应该把自己的园本培训内容与此框架进行比照，检查园本培训内容是否能够纳入这个框架，以确保园本培训能够引领幼儿教师的专业发展。幼儿园还可以采取查漏补缺的方式为园本培训增添学习内容，以确保园本培训尊重了幼儿教师在专业素养上的"幼教全科"特点。

某幼儿园为了创品牌、造特色，建园的时候就与某传媒签署了战略合作协议，幼儿园作为该传媒的实验基地，与其少儿频道合作开展节目策划、排练和演出等项目。因此，幼儿园在招聘教师的时候，对教师的舞蹈、歌唱和乐器演奏等专业技能要求很高。在园本培训工作上，幼儿园每年都安排才艺展示和技能比赛，幼儿园的生源也不错，因为很多家长认为"技不压身"，也非常重视孩子在电视台露脸的机会。但是，该园明显存在对幼儿过度进行技能训练的问题，教师的训练态度严厉，存在体罚和变相体罚的现象。更为严重的是，幼儿及其家长攀比心理严重，为了上节目，还出现家长给教师送礼的问题，上不了节目的幼儿则在这个氛围中自信心受挫。

生源好、收费高、家长满意、教师技能水平高等，都不是衡量幼教质量的标准。在师资准入、培训和考核方面，该园自行规定了很高的专业等级标准，却视62条《幼儿园教师专业标准（试行）》于不顾，而且比照《幼儿园教师专业标准（试行）》，没有一条表明教师的才艺技能应该达到的专业等级。可见，该园的幼儿教育和教师培训都是违反《幼儿园教师专业标准（试行）》的。出人意料的是，它却被幼儿园管理者和社区公众视为专业水准是最高的，这着实让人担忧。

（三）《教师教育课程标准（试行）》搭建的培训框架

《教师教育课程标准（试行）》是"我国教育史上第一部关于教师教育课程的国家标准，它体现了国家对教师教育课程的基本要求，是制定教师教育课程方案、编写教材、建设课程资源以及开展教学和评估活动的依据"（钟启泉，2012）。《教师教育课程标准（试行）》不仅包括幼儿园、小学和中学三个学段的职前教育课程目标与设置，还包括在职教师教育课程设置框架建议（见表1）。

表1 在职教师教育课程设置框架建议

课程功能指向	主题/模块举例
加深专业理解	当代教育思潮、教育专业伦理、学科教育新进展、儿童研究新进展、学习科学新进展等，也可以选择哲学、人文、科技等研究领域的一些相关专题
解决实际问题	学科教学专题研究、特殊儿童教育、青少年发展问题研究、学校课程领导、园本课程开发、综合实践活动设计与指导、档案袋评价、学生综合素质评定、教学诊断、课堂评价、课堂观察、学业成就评价、信息技术与课程的整合、园本教学研究制度建设等
提升自身经验	教师专业发展专题研究、教育经验研究、反思性教学、教育行动研究、教育案例研究、教育叙事等

经常参加在职培训的教师对"主题/模块举例"并不陌生，很多培训机构都是以专题的形式组合一期培训班，反映了在职培训灵活多样、新颖实用的特点，也反映了当前在职培训存在着内容零散和临时拼凑的问题。为解决这一问题，《幼儿园教师专业标准（试行）》没有明确规定在职培训的具体课程设置，却提供了一个建议性的设置框架，以避免培训内容过于零散，甚至可能出现结构性偏差的问题。

针对园本培训内容零散的问题，园本培训要以《教师教育课程标准（试行）》在职教师教育课程建议框架为指导，自查园本培训内容对教师是否具有"加深专业理解""解决实际问题""提升自身经验"的指导功能。当然，园本培训的具体内容不限于《教师教育课程标准（试行）》所列举的"主题/模块"，幼儿园实际组织的园本培训内容是非常丰富的，既有专业性的业务学习活动，也有生活化的团队建设活动；既有严肃认真的讲座与听讲，也有具体直观的参观与观摩，还有生动活泼的游戏与比赛；既有一对多的集约化培训，也有一对一的开小灶指导……只要园本培训在"加深专业理解""解决实际问题""提升自身经验"这三个方面能促进教师专业发展，就是对教师切实可行的园本培训。

三、园本培训内容的目标取向

园本培训内容的选择依据明确之后，进一步需要明确的就是园本培训的目标。园本培训内容的具体目标会因园本培训管理者的个人思路和个性倾向而有所不同。比如很多管理者把园本培训目标定位在实用性和可操作性，于是比较注重技能目标，把教师可以看得见的、比较迅速的行为变化作为园本培训的目标与效果。这种目标定位有一定的道理，同时也存在一定的问题。因为技能只是教师专业素养之一，而教师的幼教信念、职业情感与专业态度是专业素养的灵魂，是存在于教师内心深处的稳定因素，不是立即就能看得见的外部变化。它们不是通过一两次活动就能完成的培训目标，但又必须通过每次的培训活动去渗透，通过每天的日常工作去培养。所以，这些是每次园本培训都应该关注的目标。

这种为培训内容设定目标倾向的过程，就是管理者的目标取向行为，是每个管理者自觉或者不自觉都会产生的目标导向行为。它是管理者基于自己的价值观和教育理念对培训内容进行目标定位的个人倾向性行为，具有很强的实践引导功能，会直接影响园本培训内容的实施过程和实际效果。

对于幼儿教师来说，目标取向并不是一个陌生的教育现象。在幼儿园课程改革过程中，教师设计活动目标的时候经常会遇到目标取向问题，最终的目的是使幼儿在五大领域以及情感、态度、知识、能力和技能等各个方面获得全面发展。园本培训作为促进教师专业发展的教育活动，也遵循人的全面发展和目标取向原理，最终的目的是使教师在专业理念与师德、专业知识和专业能力上获得全面的专业素养。

在目标取向方面，美国课程论专家舒伯特（W.H.Schubert）的见解具有广泛的影响,他把目标取向分为普遍性目标取向、行为目标取向、生成性目标取向和表现性目标取向。每种目标取向各有特点,反映了人们目标定位时的一种倾向性行为,为我们全面设置园本培训的目标取向提供了启发与借鉴。

(一)普遍性目标取向

普遍性目标是指由一般的教育宗旨、指导方针或者教育原则而引出的普遍性教育要求,具有权威性和指令性,可以广泛地用于各种教育活动,因而也具有模糊性和泛泛而谈的特点。比如《幼儿园教师专业标准(试行)》在"师德为先"中对师德的指导要求是:"热爱学前教育事业,具有职业理想,践行社会主义核心价值体系,履行教师职业道德规范,依法执教。关爱幼儿,尊重幼儿人格,富有爱心、责任心、耐心和细心;为人师表,教书育人,自尊自律,做幼儿健康成长的启蒙者和引路人。"对于以师德为主的园本培训内容而言,它可以作为普遍性目标取向。普遍性目标取向一方面有助于确保在目标取向上的正确无误,另一方面它还需要进一步细化,把总体上的师德要求根据幼儿教师的实际情况分解为具体的师德培训目标,这样才能提高园本培训的针对性。比如,如果幼儿园最近出现了教师体罚幼儿的现象,就可以抽取"关爱幼儿,尊重幼儿人格,富有爱心、责任心、耐心和细心"为本次园本培训的主要目标,并把它细化为"尊重幼儿的年龄特点,关爱幼儿的个体差异,因材施教,促进每个幼儿在自己的原有水平上获得发展"。因为有的教师体罚幼儿是把幼儿的特点当作缺点,把幼儿的个体差异当作问题,对幼儿过度横向比较,采取了不适宜的教育方式,这就需要园本培训对这类教师晓之以理、教导有方,提高师德培训的针对性,以便真正帮助教师学会"关爱幼儿,尊重幼儿人格"。

(二)行为目标取向

行为目标取向是指以具体的、可操作的陈述形式确立活动目标,是指培训结束之后教师身上很快就能出现的行为变化,具有目标精细、追求迅速见效的特点。这是目前教育培训活动最常见的目标取向,因为它符合人们追求实效、立竿见影的心理需求，但同时也存在追求功利、急于求成的问题，很多难以测评、难以转化为行动的内容无法在行为目标中体现，割裂了人的学习与发展的整体性，忽视了行为变化的长期性与渐进性。

某幼儿园在一次师德园本培训中，先把上级教育部门颁发的师德教育文件念给所有教师听，然后向教师强调幼儿园对师德的重视程度，最后要求所有教师签署"师德承诺书"。

这个园本培训的导向是正确的、及时的，培训目标也是具体的、可操作的，采取的是行为目标取向，对师德建设具有一定的促进作用，但是也有它的局限性。该幼儿园可能认为，既然教师亲笔签名了，就意味着有"法律效力"，以后教师违反"承诺"就得"后果自负"，就要受到幼儿园的批评、惩罚，甚至被幼儿园辞退。而事实上，"师德承诺书"并不是"放心丸"，并不意味着教师以后就"不敢"违反师德规范了，大多数教师违反师德规范是"无心为之"，并不是"有心为之"。比如有的教师对保教行为规范理解不透彻；有的教师年轻气盛，不懂得控制自己的情绪；有的教师缺乏经验，不知道自己的行为有何不妥，等等。每个教师"无心"违反规范的出发点和实际情形并不相同，更为关键的是师德行为是教师内心信念和道德感的外化，通常无法通过行为目标迅速体现出来，需要幼儿园进行细水长流的培训与指导。

（三）生成性目标取向

生成性目标取向是指随着教育过程的展开，在一定的教育情境之中自然生成的教育目标，它所关注的不是预先设计好的行为目标，而是根据实际进展过程提出的相应目标，注重的是过程。以杜威为代表的教育思想家认为，教育过程是由知识技能的掌握、社会规范和价值观的确立以及思想观念体系的形成构成的，后两者难以用事先规定的行为陈述，需要根据教育情境随机生成教育目标。生成性目标取向更加尊重客观现实，强调学习者与具体情境的相互作用，主张目的与手段的统一性、结果与过程的统一性，反对预定目标对教育过程的控制，对学习者和教育者在学习与教育过程中的主动性给予应有的尊重。

在一次园本培训集体活动即将开始的时候，主持人发现缺勤的教师不少，询问之后得知今天请病假和事假的教师比较集中。这本来是可以理解的，但是主持人在询问时发现一种现象，有的年轻教师请假的时候说："你们老教师不是没有事情，是你们舍不得请假扣钱，你们不如年轻人过得潇洒。"老教师不但要替请假的教师担当着班级事务，还被年轻教师加以奚落。直接"理论"一番吧，抹不开面子，以后还要相处呢，但是自己又没有做错什么事，就这么被喧一下，老教师心里很不是滋味。本来这次园本培训的内容是优秀主题教育案例交流与分享，不过主持人临时加上了幼儿教师对幼教职业应有的理解与合作态度，阐述了请假或者不请假首先关乎的不是钱的问题，而是班级三位教师的分工与合作，是相互体谅与相互支持，是对班级幼儿及其家长负责任的态度。后来在全园教师培训会上，主持人再次强调了"请假"与"考勤"涉及幼儿教师的"专业理念与师德"问题，以避免教师所谓"随口一说"带来的消极影响。可见，主持人根据教育情境随机生成的教育目标，对教育过程中"社会规范和价值观的确立"起着积极的引导作用。

（四）表现性目标取向

表现性目标取向是指在教育情境中学习者出现的个性化的创造性表现，而不是预先设计好的结果。表现性目标取向是考虑到每个教师的教龄不同、经验不同和原有基础不同，所以不可能要求每个人在培训中产生同样的效果。在幼儿教育领域中，教师为幼儿提供了自由的活动机会和开放性的操作材料，以便每个幼儿在自己的原有基础之上有所发现、有所创新，而教师对幼儿的"发现"与"创新"是无法预设的。如果园本培训主持人也为教师创设一个开放的活动环境，教师也会出现各种个性化的"表现性目标"，比如头脑风暴、团体游戏、拓展训练等都有表现性目标取向。

以上四种目标取向各有倾向、各有特点、各有优点，也各有局限性。如果在实践过程中把它们有机地统一起来，园本培训内容的目标定位将会更加全面与灵活，从而促进园本培训发挥更大的积极作用。园本培训设计者和主持人要以"普遍性目标取向"为基本导向,时时用这一目标进行高位调控,确保园本培训不狭隘、不"走偏";然后预设较为具体的"行为目标取向",提高园本培训内容的实效性与针对性;同时,主持人要敏锐观察、灵活把握、随时关注教师在培训学习中所产生的新问题,善于根据学习者的精神状态和投入程度来调整自己的目标,关注培训现场所出现的"生成性目标";最后,还要为教师出现"表现性目标"创设自由、开放、互动的学习空间,使每位教师在学习过程中有所感悟、有所创新,争取园本培训出现更多的"意想不到"的良好效果。

四、园本培训内容的实施原则

园本培训所选择的内容及其目标定位,需要融入到整个培训的实施过程之中。园本培训内容的实施需要遵循以下五个基本原则,才能有助于教师在园本培训中受益,进而获得专业发展。

(一)就地取材的原则

园本培训的突出优势就是针对性很强,专门针对本园出现的问题组织学习与培训,实事求是、务本求实,不回避本园出现的"真问题"。因此,园本培训内容需要就地取材,不必绕弯子,帮助教师直接认识到自己所作所为所存在的问题,否则会给教师带来更大的困惑。这需要业务管理者深入了解实际情况,收集和积累事实依据,基于班级事实对教师进行点拨指导。

某幼儿园准备组织一次活动区培训,业务管理者做了精心准备,事先阅读了大量资料,梳理了许多研究者对活动区现状及其指导策略的见解,培训内容具有系统性和专业性。但是参加培训的教师有一种回到幼儿师范学校上课的感觉,培训中所概括的活动区现状好像发生在别的幼儿园,活动区指导策略也较空泛,听起来很有道理,操作起来却很抽象。业务管理者得到反馈之后,意识到自己存在的问题,于是在接下来的两个月里,她到班级了解情况,观察幼儿在活动区的游戏表现,拍摄了很多照片和录像,然后基于班级实情，分析本园的活动区现状，并提出了指导建议。改进后的园本培训得到了教师们的认可。

（二）就事论事的原则

园本培训内容"就地取材"之后，会不可避免地遇到是否尊重教师的问题。因为事实被"点出"之后，教师难免"对号入座"，感觉自己很没面子，有些教师的积极性和自信心因此受挫。其实，问题并不是出在"就地取材"上，而是主要由于培训者没有妥善把握"就事论事"的原则。"就事论事"要求培训者基于事实又超越事实，引导教师专注于事实背后的专业因素，而不是个人因素、主观因素，不要让教师感觉到自己被批评了、被否定了，或者领导对自己有意见了。所以，培训者既要尊重事实，更要尊重人，剔除自己思想意识中可能存在的含沙射影的不良表达习惯，树立园本培训是为教师专业发展服务的意识，有意识地培养和提升自己专业沟通的导向与艺术性，千万不要停留于事实表面而给教师贴标签、扣帽子。

某园一个小班幼儿走路绊倒，把胳膊摔骨折了，奶奶心疼孙子，十分气愤，言辞激烈地告了老师的状。园长不能坐视不管，为此专门召开培训会。虽然园长并没有在大会上点名，可是受到刺激的不仅有当事教师，还有"与事无关"的其他教师。园长说："如果是我的儿子磕了碰了摔了，我受得了。可是自从我当了奶奶以后，我最能体会奶奶的心情。孩子是弱者，家长把他交到教师手里，教师就得负责到底，就得眼观六路耳听八方，时时刻刻小心看护孩子，不能让孩子在自己的手里有闪失。所以，如果出了事，不扣你的，扣谁的……"

整个培训会像是在为奶奶声讨教师的罪过，参加培训的教师听了之后心里很不是滋味。教师们私下里议论：园长做了奶奶之后，难道就忘了孩子的磕碰有些根本是难以避免的？比如有的小班幼儿走路不稳，自己就会两脚相绊摔倒；有的孩子坐不稳，自己就会摔倒在地上，导致手腕或者胳膊脱臼。现在让老师"全权负责"，这以后怎么干工作呢？

上述案例中，教师的困惑是有道理的。安全事故的出现与幼儿、教师以及环境等多种因素都有关系，园本培训应引导教师着眼于安全事故背后的专业引领，帮助教师提高安全教育的专业性，诚恳地提醒教师在哪些方面还要提高安全防范的责任心，而不是让教师受刺激、受打击、受惩罚。

（三）专业自主的原则

《幼儿园教师专业标准（试行）》明确了幼儿园教育的专业地位，但是在大众意识层面，幼儿园教育的专业性和幼儿教师的专业化身份并没有充分得到确立，把幼儿园教师这个职业等同于"保姆""阿姨"的现象依然广泛存在。这一方面需要社会大众逐渐消除陈旧意识，另一方面需要幼儿园加强自身的专业化发展，而园本培训作为幼儿园具有明确导向的专业培养活动，就应不断地提高培训内容的专业自主性。

专业自主性意味着专业自觉意识、专业自主权、专业自信与专业发展能力，需要幼儿园把各个部门的日常工作建立在专业理性基础之上，让教职工不但知其然，而且知其所以然，不但熟悉工作常规，而且从中体验到专业发展的快乐与自豪感。如果业务管理者的专业自主性有限，行政指令性较强，业务管理总是停留在根据"上级规定"或"工作制度"进行监督与检查的层面，那么，教师就成为"领导""规定"与"制度"等外在因素的被动执行者，业务管理者与教师之间具有浓厚的领导与被领导、监督与被监督的关系。其实，专业自主不等于行政做主，业务管理者应该加强专业理性，提高专业沟通与指导能力，帮助教师提高专业自律意识，使教师的工作动机建立在自身内在的专业良知与专业水平基础之上。

某幼儿园刚刚成立，保育队伍很年轻，园长就聘请了一位资深的保教主任管理幼儿园的保教业务。这些年轻的保育员都刚刚从保育学校毕业，对于幼儿园细致且复杂的保育岗位工作不是很熟悉，保育工作漏洞很多。保教主任发现之后，召开保育员工作培训会，给她们宣读了保育员一日工作流程，然后教导她们："什么时候应该做什么事情，这个流程上写得清清楚楚，你们就照着做，不要偷懒，改掉'90后'的懒散毛病。你们现在是工作人员了，不要再把自己当成家里的独生子女，没有父母再娇惯你们了。一切要听领导的安排。我在幼儿园干了35年，我不用进班，就知道你们该干什么。不要在工作上偷奸耍滑，一旦发现有这样的，就按规章制度处理。每个人都要把幼儿园当作自己的家，对这个家负责任……"

保教主任的用意是为了改善工作，选择的培训内容具有针对性，拉杂的训话也不无道理，但是明显缺乏专业理性。"家常"的训话充满了"长官"命令，缺乏平等的专业沟通以及专业化的指导与培训。其实，业务管理者首先不应以先入为主的偏见为"90后"贴负面标签，也不应以自己的老资格和规章制度吓唬教师，这些陈旧的意识与态度会给年轻教师带来不良的职业感受，影响她们的工作积极性。同时，保育工作蕴涵着对幼儿身心发育特点的尊重、对幼儿教师职业特点的理解、对保教结合理念及其教育策略的把握等诸多专业知识和专业能力，如果不给予正面引导和耐心细致的指导，反而增添压抑的心理与被威胁的感觉，教师是很难建立起专业自律意识的。

（四）精耕细作的原则

由于幼儿园工作具有细致琐碎、实操性强的特点，很多园本培训零碎肤浅，长期融于其他工作，缺乏自身独立性，缺乏整体规划与专业设计思路，长此以往，有的教师对熟悉的工作缺乏新鲜感，对自身的专业发展不敏感，感觉带班工作像"看孩子"，认为卫生工作像"干家务"，自己则像"家庭主妇"，这种缺乏专业求知欲的状态导致日常工作简单重复，园本培训原地踏步。其主要原因在于幼儿园缺乏学习型组织所具备的不断学习、深入研究、互动交流的氛围，教师专业发展出现了停滞状态。所以，业务管理者要认真研究日常工作，挖掘教师的专业潜能，唤醒教师沉睡的专业发展意识，对园本培训内容精耕细作，设计和组织深入浅出的专业学习与培训活动，带领教师从平凡中感受深刻的工作意义，从平常中感悟专业成长的步调与快乐。

在一次保育员工作培训会上，园本培训主持人请一位优秀保育员介绍自己的工作经验与工作感受。这是一位年轻的保育员，她以"我的蜜蜂式生活"

为题，以 PPT 图文并茂的课件形式，展现了自己一天的工作内容与流程。

她从"清晨的小蜜蜂"开始，描述自己的保育工作对"一日之计在于晨"的意义和具体做法；然后分别以"教学中的小蜜蜂""活动区中的小蜜蜂"以及"户外活动中的小蜜蜂"，谈了自己对保教结合的认识和配合教师的工作方法；"进餐中的小蜜蜂"，则重点为幼儿做进餐护理与进餐指导；"幼儿起床后的小蜜蜂"则要协助教师给幼儿穿衣服，并加强个别护理与指导；"离园前的小蜜蜂"，则重点做好安全检查工作。最后，"反思的小蜜蜂"说："一天下来，我常常会不由自主地反思自己，在工作中通过'定时、定点、定事、定要求'的方法，让每日工作体现出有序性与节奏性，这样才能进步。我的进步用三个词来概括就是'快乐''忙碌''收获'。"

这位保育员对工作的热情、主动与活力，对工作的反思与总结，以及在结束语中自然而然抒发出的情感——"常常记得那首歌：一只小蜜蜂啊，飞在花丛中……我们就是勤劳的小蜜蜂，为了祖国的明天，一定要在这美丽的花园里，把那些美丽的花儿呵护培养得更加美丽"，所有这些都深深地感染着参与培训的保育员。保育工作并不深奥，保育员的话语也朴实平常，但是通过园本培训进行精耕细作，给保育员带来的新鲜感、求知欲和精神鼓舞则是长远而深刻的。

精耕细作的园本培训着眼于"小而精"的专题、"实而专"的引领，也就是说，园本培训专题不必总是"高大上"。对于班级教师和保育员而言，来自日常工作的"小专题"使她们有话可说、有内容可做，但是要做得精致、精细。"实而专"则是指内容实在、方法实用、体现专长。幼儿园要树立教师身边的榜样，引领教师"精耕"于专业领域，"细作"于实践行为。这些专业态度将会培养出一支敬业爱岗的专业队伍。

（五）因人而异的原则

对于同样的园本培训内容，每个人的感受、评价与收获是不同的。有人觉得符合自己的需求，有人觉得与自己的关系不大；有人认为内容非常"解渴",有人认为内容肤浅;有人感觉收获满满,有人感觉浪费自己的时间……可谓是"众口难调"。所以,实施园本培训要遵循因人而异的原则。教师如幼儿一样,具有个体差异。教师们在年龄、经验、基础、能力以及学习方式、学习愿望等方面存在差异,如果园本培训内容能够针对教师的个体差异,那就非常有效了,这给业务管理者带来了很大的挑战。为此,在设计园本培训的时候,业务管理者就要调查和研究本园教师的专业发展现状,争取在内容上适合不同人的需要,并争取适合不同人的学习方式。比如有的教师擅长理论学习,具有举一反三的能力;有的人擅长具体形象思维,喜欢现场观摩活动;有的人习惯于独立思考,有的人则在交流中容易迸发出灵感。因此,幼儿园要采取多种培训策略整合园本培训内容,把集体培训与个别培训相结合,把单向传授与多边互动相结合,把理论培训与案例培训相结合,把检查考核与交流展示相结合。园本培训内容在不同形式中会呈现出不同的面貌,幼儿园应尽量满足不同教师的需求,提高培训效果。

第四章

常见的园本培训内容有哪些

一、基于师德的培训

二、基于园本教研的培训

三、基于园本课程的培训

四、基于反思能力的培训

五、基于保育员的培训

虽然园本培训具有以园为本的特殊性，但是幼儿园的常规工作决定了园本培训内容会有很多共性，各级教育部门都曾对此做过相关指导。1999年9月13日，国家教育部发布《中小学教师继续教育规定》（包括幼儿园），指出："中小学教师继续教育的内容主要包括：思想政治教育和师德修养；专业知识及更新与扩展；现代教育理论与实践；教育科学研究；教育教学技能训练和现代教育技术；现代科技与人文社会科学知识等。"

北京市教委在"十五"继续教育期间，就开始为幼儿园教师设置了必修课的培训目标、内容与方式（见表2）。

表2　幼儿园教师必修课培训目标、内容与方式

课程名称	培训目标	培训内容	培训方式
教师职业道德修养	使全体幼儿园教师的思想政治素质和职业道德水准有较大提高，树立正确的世界观、人生观、价值观，做到教书育人、为人师表	教师职业道德修养的基本概念、基本理论及提高教师职业道德修养的途径和方法。要密切联系当前教师队伍的实际情况，突出针对性和实效性，通过案例教学等方式，加强直观性、强调知与行统一	面授、自学、研讨相结合
教师及学生心理健康	使全体幼儿园教师了解和掌握心理健康的基本理论，了解心理问题产生的原因及表现，了解教师心理健康与幼儿心理健康之间的关系，掌握针对幼儿心理健康方面的问题进行纠正与辅导的手段和方法，同时提高自身的心理健康水平	心理健康的基本理论和基本知识，观察、指导幼儿的方法。要结合具体案例进行分析	面授、讲座与自学、研讨相结合

续表

课程名称	培训目标	培训内容	培训方式
现代教育信息技术应用	使教师了解现代信息技术的内容及发展趋势，掌握获取信息的技术手段，学会利用信息技术改进和丰富教学的方法，从而提高学前教育的水平和质量	以计算机应用为代表的现代化教育教学技术，当代信息技术的发展趋势及成果，信息的获取及应用，利用信息技术促进教育改革的方法、手段等。要求理论和实践相结合，加强实际操作技能的培训	面授、自学相结合，实际操作的讲授与练习相结合
《纲要》与课程改革	使幼儿教师掌握先进的学前教育理念，了解幼儿园课程改革的现状与发展趋势，并在实践中有效实施适合幼儿身心发展特点的素质教育	《纲要》、幼儿园课程要素、幼儿园多种课程模式、幼儿园课程特点	面授、观摩、自学、研讨相结合

根据北京市教委继续教育指导精神，海淀区教委在"十一五"期间幼儿园园本培训指导意见中，明确指出园本培训的基本内容为：师德建设，教育教学能力，教师与幼儿心理健康，课程改革，教育科研，信息技术应用，专项培训以及幼儿园特色培训。

各级教育部门对继续教育和园本培训的指导意见，为幼儿园确立园本培训内容提供了指南。结合对当前幼儿园园本培训工作的调查与了解，常见的园本培训内容主要涉及以下五个方面。

一、基于师德的培训

《幼儿园教师专业标准（试行）》明确规定了"师德为先"，师德与专业态度是教师职业的基准线，是幼儿园教师最基本、最重要的职业准则和规范。幼儿身心发育稚嫩，易受伤害；幼儿的可塑性大，模仿性强，对成人的依赖性强，所以幼儿教师必须爱护幼儿、尊重幼儿，以高尚的师德引领幼儿健康成长。幼儿园也都非常重视师德培训，教师也都知道师德是自己从事幼教职业的基石，但是在实践中幼儿教师还是会出现一些违反师德的态度与行为。

2012年10月24日，网络上传出一张照片，在社会上引起轩然大波。照片里，女教师两只手分别揪着一名男童的左右耳朵，将男童双耳向上提起，双脚提离地面约10厘米。男童的耳朵被扯得变形，表情痛苦，男童因剧痛张着嘴巴哇哇大哭，女教师却一脸微笑。这便是发生在浙江温岭城西街道蓝孔雀幼儿园的一起虐童事件。警方随后调查核实，该教师姓颜，自2010年工作以来，多次对幼儿以胶带封嘴、倒插垃圾筒等方式进行虐待，并拍照取乐。颜某在幼儿园接受记者采访，当被问及"为何要揪孩子耳朵，并让别人拍照"时，颜某称"为了好玩"。记者追问："你难道没发现小孩子在大哭吗？"颜某沉默了。

教育部在2008年修订了《中小学教师职业道德规范》，从"爱国守法""爱岗敬业""关爱学生""教书育人""为人师表""终身学习"六个方面，规范了教师的基本行为准则，其中"关爱学生"中还特别指出："保护学生安全，关心学生健康，维护学生权益。不讽刺、挖苦、歧视学生，不体罚或变相体罚学生。"颜某的"沉默"说明，即使她没有学习过教师职业道德规范的具体内容，人的基本良知也能告诉她基本的是非对错，但是她居然明知故犯，原因就是"为了好玩"。

只有把外在的条文规定内化为人的信念，教师才会出现师德所规范的行为。而道德信念的建立不是孤立的，也不是靠灌输就可以完成的，它需要一个人在完善的道德体系中逐步确立，是一个人在个人成长历程中逐步建构成熟的。颜某"为了好玩"而突破师德底线，暴露了颜某不但个人修养不足，而且不具备起码的儿童观与教育观。可见，师德的形成与教师的思想意识和专业理念息息相关。

《幼儿园教师专业标准（试行）》把"专业理念与师德"的内涵与构成分为四个领域，分别从教师的职业观、儿童观、教育观和个人修养四个方面提出20条基本要求，也就是说，幼儿教师在这四个方面都达到基本要求，才有可能具备幼儿教师的职业道德，幼儿园可以此选择和设计师德培训的基本内容。当然，师德培训的任何内容都不能泛泛而谈、照本宣科，需要幼儿园观察和研究本园师德问题出现的主要原因与具体情境，然后设计和实施具有针对性的师德培训内容，提高师德培训的实效性。

（一）加深职业理解与认识，树立成熟的职业观

《幼儿园教师专业标准（试行）》在职业理解与认识方面有五个基本要求：

1. 贯彻党和国家教育方针政策，遵守教育法律法规。
2. 理解幼儿保教工作的意义，热爱学前教育事业，具有职业理想和敬业精神。
3. 认同幼儿园教师的专业性和独特性，注重自身专业发展。
4. 具有良好职业道德修养，为人师表。
5. 具有团队合作精神，积极开展协作与交流。

职业观是幼儿教师对幼教职业的理解与认识，直接影响幼儿教师对待工作的态度以及对待幼儿的情感。以上五个基本要求反映了幼教职业的基本特点及其行为规范，幼儿园可以围绕这五个基本要求调查和了解本园教师所存在的主要问题与具体表现，在园本培训中采取具体问题具体分析的方式，对教师晓之以理、导之以行。

由于法律法规和教育方针政策都是以条文和文件的形式传达给教师的，而教师一般处于"常识"水平，在依法教育儿童和依法保护儿童及教师权益方面了解得并不深入。幼儿园除了重视与业务发展密切相关的《规程》《纲要》和《指南》以外，还要特别强调《中华人民共和国教师法》《中华人民共和国教育法》《中华人民共和国未成年人保护法》《中小学幼儿园安全管理办法》《托儿所幼儿园卫生保健管理办法》《中小学教师职业道德规范》等涉及儿童和教师基本权益的法律。有的幼儿园为此专门聘请从事法律工作的专业人士，为幼儿教师普及法律知识。比如现代家长维权意识很强，而教师法律意识淡薄，一旦遇到不可避免的事故或者纠纷，教师就不知所措，经常处于弱势地

位。幼儿园外聘的"法制园长"针对很多具体问题为教师答疑解惑，让教师明白了既要保护幼儿、尊重家长，又要学会依法保护自身的教师权益。

知法守法是公民的基本意识，幼儿教师在此基础上还要有一种职业价值观与职业理想。现代社会非常重视幼儿教育，为幼儿教师增强职业价值感与成就感营造了前所未有的良好氛围。幼儿教师还需要进一步加强职业理想，使自己的工作动机不是停留于最初的好奇、兴趣、待遇与物质环境层面，而是上升到主动追求优异、不受名利驱使的敬业精神层面。有了职业理想与追求，教师就会洁身自爱，拒绝接受家长的礼物与贿赂，拒绝根据家长的社会地位对幼儿亲疏有别，在日常工作中就不会总是患得患失。强烈的职业理想还会给教师提供专业发展的原动力，促进教师在业务上主动钻研、精益求精。

随着园本教研和园本课程的深入开展，幼儿教师已经深刻体验到幼教的专业性和独特性，非常重视自身专业发展。但是由于专业发展还有很长的路要走，有的幼儿教师对专业发展规律不是很了解，缺乏清晰的专业发展规划，所以出现畏难与倦怠情绪，缺乏创新的激情与动力。尤其是《指南》的颁布，对幼儿教师"教学合一"的要求更高，很多教师还没有意识到这一点，也没有积极做准备。与此同时，幼儿教师在知识结构上的欠缺，已经成为影响教师专业发展的瓶颈。所以，幼儿园要主动引导教师把心思和力量定位在专业发展之路上，在全园营造心无旁骛的专业研修氛围，为教师的职业生涯注入不甘落后、积极进取的活力。

在为人师表方面，主要强调幼儿教师的一言一行在年幼儿童心目中具有无与伦比的权威地位，教师的言谈举止就是孩子学习的教材、模仿的榜样。但是在日常工作中，教师可能会出现一些不得体的言行，给幼儿造成不良影响。比如教师在教室内大声聊天、说笑、吃零食，在班级管理上主要靠自己的嗓门高过幼儿的声音来吸引幼儿的注意力，当着幼儿的面评价幼儿、家长或者其他教师，暗示幼儿传话给家长为自己办私事，特别关注一些打过招呼的"特殊儿童"，等等，这些言行都有损教师举止文雅、言谈得体以及尊重他人、公正公平的形象。幼儿在这种环境中可能没有磕着碰着，园长可能无法直接给教师的工作定性，但它们都有悖良好的职业道德修养，需要教师明察秋毫，从小事做起，从自我做起。

合作是现代幼儿园教师职业活动的基本方式，也是幼儿园教师专业素养的基本要求之一。合作本来是指幼儿教师因工作需要所产生的广泛的人际关系，包括教师与教师之间的关系、教师与幼儿之间的关系、教师与家长之间的关系、教师与社区之间的关系，以及教师与领导、专家等相关人士之间的关系。这里主要是指教师与教师之间的合作关系，这种关系除了基于现代社会所提倡的建立学习共同体以外，还基于幼儿园班级"两教一保"的天然合作关系，一个班级内三位教师的分工与合作对日常班级工作和幼儿健康成长具有非常重要的意义。目前存在的主要问题是，三位教师在相处过程中形成的工作关系还需要明察与引导。比如有的班级存在三位教师关系过好、私交过密的情况，工作的原则性可能因此受到影响；有的班级存在三位教师性格不合，明着不争却暗斗的不团结状况，幼儿成长所需要的和谐氛围因此受损；有的班级存在班主任管理力度不够，教师各行其是的状况，班务工作的有序性与协调性因此受损。诸如此类的情况不但影响班级工作，而且被家长觉察之后，还会影响家长对班级的安全感与信任感。可见，合作不是形式上的一起做事，或者表面上的一团和气，而是一种训练有素的专业素养，是师德培训应该关注的新内容。

（二）尊重幼儿的身心发育特点，树立正确的儿童观

《幼儿园教师专业标准（试行）》在对幼儿的态度与行为方面有四个基本要求：

1. 关爱幼儿，重视幼儿身心健康，将保护幼儿生命安全放在首位。

2. 尊重幼儿人格，维护幼儿合法权益，平等对待每一个幼儿。不讽刺、挖苦、歧视幼儿，不体罚或变相体罚幼儿。

3. 信任幼儿，尊重个体差异，主动了解和满足有益于幼儿身心发展的不同需求。

4. 重视生活对幼儿健康成长的重要价值，积极创造条件，让幼儿拥有快乐的幼儿园生活。

幼儿教师的工作对象是幼儿，如果缺乏正确的儿童观，师德就缺乏保障。教育界长期存在教师或者家长"以爱的名义"限制儿童发展、阻碍儿童健康成长的现象，其根本原因不是没有爱，而是不会爱，没有把爱建立在正确的儿童观基础之上，导致成人越爱孩子，孩子越受其害。所以，幼儿园要引领幼儿教师和家长将专业知识融入爱的情感，摆脱"无知的爱"，不要再给孩子带来"无心的伤害"。

在关爱幼儿方面，"将保护幼儿生命安全放在首位"体现了"保护幼儿生命安全"高于一切的师德规范，与2008年新修订的《中小学教师职业道德规范》中"保护学生安全"提法一致，具有一定的针对性。四川汶川地震发生的"范跑跑事件"遭遇师德拷问。此外，最近几年连续出现多起幼儿园校车翻车、撞车、把幼儿遗忘在校车上等安全事故，以及幼儿园虐童、非法喂药等恶性事件，这些都迫切要求出台明确的、无歧义的师德规范。"保护幼儿生命安全"要求教师在紧急时刻挺身而出，首先要保障幼儿的生命安全。

在尊重幼儿人格方面，教师要善于倾听幼儿的心声，不以自己的意志代替幼儿的想法。这种师幼互动关系不是一朝一夕建立起来的，也不是一劳永逸的，它伴随着教师的整个职业生涯。幼儿园需要指导教师在日常工作中实施正面教育方法，严禁对幼儿进行体罚和变相体罚，严禁以任何名义进行有损幼儿健康的比赛、表演或训练等，并以案例的形式告知变相体罚和伤害幼儿心理健康等教育行为的隐蔽性、危害性，加强教师的防范意识。同时，还要培养教师在集体环境中拥有公正之心与公德意识。比如，前面案例中虐童的教师颜某在班级的虐童行为不是一次两次，而是早已有之，其他教师必有所知，却不直言相劝，也不告知园长，"事不关己高高挂起"的冷漠态度放纵了这种恶性行为，使之多次发生，给幼儿带来严重伤害。因此，对不尊重幼儿人格、侵害幼儿权益的行为和现象及时制止，或者向有关部门反映，用自己的实际行动保护幼儿的人格与权益，是幼儿教师应有的师德规范行为。

尊重幼儿个体差异，与倾听幼儿的心声一样，说出来容易，做起来不容易。因为幼儿园是集体教育环境，在集体中照顾个体差异，对于教师来说不但是爱心与耐心的考验，也是个人的聪明智慧以及班级三位教师合作水平的考验。它涉及教师怎样兼顾集体与个体需求的矛盾，怎样在集体中为幼儿个体差异创设发展的资源与机会，这是教师专业发展的核心能力之一，也只有做到这一点，才谈得上是真正爱孩子，真正促进孩子的健康发展。

科学的幼儿园教育不能狭隘为分科教学，也不是急功近利的技能训练，更不能小学化，在生活中成长是幼儿园教育不同于中小学教育的特点之一。目前，班级教师都非常重视生活教育，但存在把生活教育割裂为生活活动与教学活动的问题，也就是把吃喝拉撒睡以及过渡环节当作生活活动，教学活动则为学科教学，这样幼儿在教学活动中学到的知识不易迁移到生活中，在生活活动中感兴趣的事物与现象也无法在教学活动中得到经验提升。可见，幼儿园要培养教师善于挖掘生活资源，设置生活化的幼儿园课程。只有这样，孩子才能真正拥有"快乐的幼儿园生活"。

（三）掌握幼儿保育与教育规律，树立科学的教育观

《幼儿园教师专业标准（试行）》在幼儿保育和教育的态度与行为方面有六个基本要求：

1. 注重保教结合，培育幼儿良好的意志品质，帮助幼儿形成良好的行为习惯。
2. 注重保护幼儿的好奇心，培养幼儿的想象力，发掘幼儿的兴趣爱好。
3. 重视环境和游戏对幼儿发展的独特作用，创设富有教育意义的环境氛围，将游戏作为幼儿的主要活动。
4. 重视丰富幼儿多方面的直接经验，将探索、交往等实践活动作为幼儿最重要的学习方式。
5. 重视自身日常态度言行对幼儿发展的重要影响与作用。
6. 重视幼儿园、家庭和社区的合作，综合利用各种资源。

有什么样的教育观，就有什么样的教育态度与教育行为，而且教育观具

有显性与隐性之分。显性教育观就是幼教改革所倡导的主流教育观，幼儿教师对之耳熟能详却未必意味着自己具备了与之相匹配的教育态度与行为，因为已经潜移默化的隐性教育观会根深蒂固地影响着幼儿教师。以上六个基本要求从正面表达了幼儿教师在幼儿保育和教育方面应有的态度与行为，那么，幼儿园以此反观本园教师的教育态度与行为，就可以发现本园教师存在的问题，并以此为切入点引领教师不断更新教育观念，帮助教师用科学的幼儿教育观塑造自己的专业素养。

保教结合是幼儿园教育区别于中小学教育的典型特点，在实际工作中主要体现在三个方面：在教育态度上体现为幼儿的保育与教育同等重要；在教育行为上体现为保中有教，教中有保，保教合一；在教育关系上体现为教师要兼顾保育意识，保育员要加强教育意识。因此，园本培训一方面要加强教师的保教结合意识与能力，另一方面应培养教师与保育员的合作意识与态度。在一些幼儿园中，教师与保育员的保教行为严格分开。如果幼儿把饭和水撒在地上，教师不会及时打扫，因为她认为这是保育员的工作，幼儿的脏衣服、湿衣服也由保育员更换和刷洗，教师则只从事"教育教学工作"。保育员在照顾幼儿生活的时候，以包办代替为主，并不对幼儿进行自理能力和安全意识的培养。工作分工并不意味着教育意识的分割，教师对幼儿的关怀与服务本身就是对幼儿的爱与教育；保育员也是教育工作者，在关照幼儿的同时还应该主动教育幼儿学会自理和自我保护，这样才是保教结合，才是共同为幼儿的健康成长保驾护航。

第二至第五条可以统一为尊重幼儿的学习特点，使教育方法符合幼儿的学习方式，这样的教育才会有效，才不会浪费幼儿宝贵的童年时光。众所周知，好奇心、想象力和兴趣爱好是幼儿学习的原动力，需要幼儿教师的保护与激发。死记硬背、强行灌输、单调训练、揠苗助长会扼杀这些原动力，所以，幼儿园要严禁这些教育行为与教育方式。做中学、玩中学和生活中学，才是最适合幼儿的学习方式。为此，幼儿园要引导教师转变角色，从以往教育活动的控制者、干预者转变为当今提倡的幼儿学习的观察者、支持者与合作者，教师角色的转变不能仅仅停留在观念层面，更应该体现在实操层面，这将是园本培训长期关注的内容。与此同时，教育物质环境、人际心理环境以及教师无意中流露出的言行作为"隐性课程"，对幼儿发挥着"不言而说"的影响作用。因此，幼儿园除了关注外显的教育环境与教育活动以外，还要敏锐地观察幼儿园出现的各种隐性教育因素。可见，专业的幼儿园教育不是停留于幼儿呈现在表面上的安全无事、白白胖胖与识字计算，而是用很深的专业功力，让学习、发展与成长带给孩子持久的、有益的且发自内心的快乐，这才是功德无量的教育。

幼儿园与家庭及社区的合作关系，被《幼儿园教师专业标准（试行）》视为教师对幼儿保育和教育的态度与行为，实则强调家园共育和教师对家长的家教指导是教师保教结合的内容之一，是教师的一项基本功，强调了《纲要》所提出的"家庭是幼儿园重要的合作伙伴"，这对当今的园本培训是一个重要的提示。长期以来，幼儿园的教研与培训集中在班级教育活动和班级教师，家教指导和家长培训则时有时无，出问题了就组织一两次活动，没问题就忽略了，没有把家教指导和家长培训纳入常规工作计划和正规业务培训，更是缺乏深入的专题研究，导致教师在这方面的意识与能力长期处于肤浅的常识水平，没能达到专业水平。如果幼儿园对此进行有计划的、系统的、专业的研究、指导与培训，那么班级教师就更有能力整合家长与社区的教育资源，为幼儿的身心发展提供更加强大的教育力量。

（四）主动加强自我修养，树立良好的仪表形象

《幼儿园教师专业标准（试行）》在个人修养与行为方面有五个基本要求：

1. 富有爱心、责任心、耐心和细心。
2. 乐观向上、热情开朗，有亲和力。
3. 善于自我调节情绪，保持平和心态。
4. 勤于学习，不断进取。
5. 衣着整洁得体，语言规范健康，举止文明礼貌。

对教师而言，师德是一个逐步建构的过程，是在人的成长过程中经历一个从无到有、从不稳定到稳定、从不成熟到成熟的修炼过程，而人的性情、性格、心态、主观能动性以及个人阅历和成长环境都在影响着师德的形成。师德修成之时，也是个人修养练就之时。所以，幼儿园要关心教师的人格成长，让幼儿园不仅是教师工作就业的场所，也是教师心灵成长的家园。

爱心、责任心、耐心和细心是社会公认的幼儿教师形象，它与人的学历关系并不大，更体现为一个人的先天禀性。现代幼儿教育虽然对幼儿教师的准入标准严格了、提高了，但现实中还存在教师入职后才感觉自己的性情、性格与幼教工作特点不尽相符的问题。比如有的教师比较内向，不善于与人交流，而幼儿和家长是极其需要教师的主动沟通与交流的；有的教师一贯不苟言笑，很容易让家长感觉教师比较严厉、缺乏热情，让幼儿感觉老师不喜欢自己；有的教师态度强势、脾气急躁，经常在幼儿、家长和同事面前控制不住自己的情绪，导致家园之间或者同事之间产生误会；有的教师则大大咧咧、丢三落四，班务工作杂乱无序；有的教师比较"自我"，只管做完自己的事情，对"与己无关"的事情缺乏关心，对别人比较冷淡；有的教师遇事容易悲观消极……诸如此类，都属于性格特点，其本身没有对错好坏之分，但在幼教工作场合就存在积极影响与消极影响之分了。这说明幼教工作的特殊性对人的性格是有一定要求的，就像警察与战士需要勇敢，运动员需要毅力，律师需要正义感，保洁人员需要吃苦耐劳一样，幼教工作者特别需要主动、热情、活泼、乐观、耐心、细致、博爱等性格。但是，众所周知，"江山易改，本性难移"，这样就有一个矛盾摆在面前：是让工作适应性格，还是让性格适应工作？毫无疑问，工作规范是不可改变的，人的个性要服从工作要求。对于有些教师来说，她们的职业生涯会遇到个性给自己带来的烦恼。幼儿园对此要有所觉察，并给予心理关怀，帮助教师提高自我认识，鼓励教师主动调整自我，支持教师完成自我修炼过程。

除了性格以外，幼儿教师还需要一定的语言修养。语言修养并不是要求教师有很好的口才，或者很高的写作能力，也不需要深奥华丽的词句，而是简洁、规范、健康、文明，以语言为载体传达出教师的内在修养以及专业素养。仔细倾听教师的语言，会发现有的教师存在语言啰唆、拉杂的现象，"是不是""对不对""好不好"的无意义提问过多。有的教师语气强硬、命令过多，比如"你给我听着……""都给我坐好……""谁还没有把嘴闭上！"有的教师则存在讽刺、嘲笑、挖苦的现象，比如"你说话怎么像喷壶？""这是谁的嘴巴漏了，吃得哪儿都是！""今天午睡，××又'画地图'了。"有的教师"口无遮拦"，当着幼儿的面或者家长的面大声评论幼儿。这些问题一般教师自己不易觉察到，需要幼儿园给予提示与点拨，指导教师提高自己的语言修养。

个人修养还有一个外在的名片——仪表仪态。教师的仪表仪态已经形成公认的形象：整洁得体，端庄大方。当然，穿衣打扮、举手投足具有很强的个性化色彩，有的教师觉得自己这样穿、这样坐，就很美、很舒服，至于在别人看来是否得体，往往难以换位思考。可见，幼儿园需要从职场仪表仪态的角度，与幼儿教师有所沟通，对她们有所指导，提高幼儿教师的职业审美意识，改正过度个性化的习惯。比如有的地方规定教师"不许穿低胸上衣、低腰裤子以及拖鞋、高跟鞋""不能穿带洞的毛边牛仔裤和迷你短裙""不能化浓妆，不能戴金银首饰""蹲着不许叉开腿，坐着不许跷二郎腿，站着不许双手叉腰或者插在裤兜里"……诸多"不许""不能"似乎事无巨细、要求强硬，有的教师甚至认为扼杀个性、限制自由。因此，幼儿园在出台规定与禁令的时候，不要宣读完毕就了事，或者简单地批评扣钱就完事，这不是教育人的做法，而是教训人，容易让人口服心不服。幼儿园可以先让教师表达自己的意见，然后与教师一起分析这些规定与禁令与工作之间的关系，引导教师从有利于带班活动和教育幼儿的角度来理解幼教工作对教师仪表仪态的特有要求，让教师不要在仪表仪态上"师德有瑕"。

以上围绕《幼儿园教师专业标准（试行）》中的师德要求，分析了幼儿园存在的一些现象与问题，以启发业务管理者联系幼儿园的园情，寻找本园师德培训的切入点。业务管理者还可以围绕其他幼教指导精神或者师德研究成果，联系本园制定的师德规范进行园本培训。总而言之，师德培训不是自上而下地发布命令，不是板着面孔进行单调说教，也不是动辄批评、惩罚与教训。培训者越是面目亲和，越是客观公正，越是尊重教师的成长规律，对教师越容易产生丝丝入扣的效果。因为师德是教师自内而外的自觉意识与行为，也是融于教师专业发展过程之中的，并与教师的人格成长相辅相成。

二、基于园本教研的培训

教研活动是幼儿园的常规工作之一，是教师专业发展的重要途径。很多幼儿园的教研工作已经轻车熟路，也有的幼儿园还处在摸索阶段，业务管理者和班级教师虽然已经在做相关的园本培训，但是对于园本教研的概念与思路还不是很清楚，还没有掌握带领教师教研的方法，在确定教研专题、设计教研计划、组织和指导教研观摩与研讨活动方面也有很多困惑，有的幼儿园还不擅长总结园本教研成果与经验……这些都需要幼儿园加强基于园本教研的园本培训，建立研修一体化的工作机制。

（一）区分教研与科研，培育教研文化

在推进园本教研工作的时候，很多教师认为自己是实践工作者，似乎没有必要搞研究；也有的教师则认为自己学历水平低，理论知识少，缺乏研究能力。教师的疑惑与为难情绪都是可以理解的，这就需要业务管理者引导教师了解园本教研对于提高教育质量与促进教师专业发展的意义，了解园本教研的特点及其与日常工作的关系，引领教师在园本教研实践中不断地感悟、反思与提升，教师对此逐渐熟悉了、熟练了，在园本教研面前就会变得放松了、自信了。

1. 区分教研与科研，让园本教研接地气

很多教师对园本教研的畏惧感，来源于思想意识上把园本教研等同于科研课题研究。现在，很多幼儿园既有园本教研，又申报立项课题研究，并在实际工作中把二者融为一体，这样教研与科研的区别就更加模糊不清了。区分两者不但有助于教师降低对"研究"的神秘感，而且有助于幼儿园把握园本教研的定位与方向，充分发挥园本教研的价值。

园本教研是基于幼儿园实际需要，把理论研究成果应用于实践，旨在提高幼儿教育教学质量的一种研究方式，目的是提高班级教师的教育反思能力

与实践能力。科研课题研究是基于幼教事业发展需要，运用严谨规范的研究方法，旨在创建新理论和新知识的一种研究方式，目的是为幼儿教育实践提供新的理论指导。可见，园本教研专题和科研课题是有区别的（见表3）。

表3　园本教研专题与幼儿园科研课题的关系

关系	维度	园本教研专题	幼儿园科研课题
区别	研究内容	本园在教育教学中遇到的实际问题	幼教事业发展过程中具有普遍意义的重要问题
	研究目的	促进本园教育质量的提升和教师专业发展	为幼儿教育实践发展提供新的理论指导
	研究主体	班级教师	专职研究人员
	研究过程	常态化，是日常工作的一部分，常常与专业学习、园本培训、园本课程、科研课题研究融为一体	程序化，是一种独立工作，按照申报、立项、开题、实施、结题、撰写论文或者著作等步骤依次展开
	研究方法	通俗易操作，以观察记录、行动研究、案例研究、经验总结为主	严谨规范，以观察法、调查法、文献法、实验法、测验法、叙事研究为主
	研究路径	从理论到实践的具体应用过程	从实践到理论的抽象研究过程
	研究成果	关注实践知识与实践创新，丰富本园知识库和教师个体知识库	关注理论知识与理论创新，丰富幼儿教育领域知识库和公共知识库
联系	有的幼儿园是先做园本教研，有了一定的积累和成果之后，再申报成科研课题。这样需要判断园本教研专题是否具有普适意义，研究内容也需要进一步深化，研究方法要规范，并进一步提高研究成果的表征水平		

对比园本教研专题与幼儿园科研课题的区别与联系，有人认为既然科研工作比教研工作要求高，那么，科研水平高的幼儿园，教研水平也一定高；其实不然。教研与科研不是水平高低的关系，是侧重点不同的两种研究活动。教研需要深耕于实践，与具体的现实问题零距离，教师会探索很多灵活的教

育策略与方法，解决问题的能力很强，但不善于分析问题；科研需要深耕于理论，与幼儿园的具体问题有一定距离，研究者掌握很多抽象的理论知识，分析问题的能力很强，但不善于解决问题。可见，科研水平高的人如果不扎根于幼儿园教育实践，也做不出符合园情的园本教研方案，无法取得专业成果。幼儿园更需要"接地气"的园本教研，而不必一味追求"高大上"地争相申报科研课题，也不要误以为这样就能提高幼儿园的"档次"。有的幼儿园甚至用科研课题代替教研专题，研究定位偏离了园本教研的工作宗旨，导致教师感觉研究"太难""没用""没意义"，研究兴趣与研究信心随之降低。

2. 培育教研文化，让园本教研促发展

园本教研的准确定位有助于消除教师对教研活动的畏惧感，培育教研文化则能帮助教师建立对教研活动的安全感、愉悦感和成就感。业务管理者可以围绕园本教研的三要素——专业引领、同伴互助和自我反思来营造教研文化氛围。

专业引领体现为幼儿园业务骨干的专业性与引领性，在园本教研过程中对教师起到引导、点拨、支持与合作的作用，让教师感受到自己的教研活动有方向、有鼓励、有支持，并从中体验到安全感。当教师在教研专题选择上犹豫不决的时候，业务骨干帮助教师进行专业判断与专业选择；当教师过度纠结于自己的教育活动时，业务骨干及时点拨教师围绕幼儿的学习过程来调整自己的教育过程；当教师对教育实践心存疑虑、左右为难的时候，业务骨干给予精神上的鼓励与策略上的支持；当教师对业务骨干的指导不理解的时候，业务骨干则以合作者的身份深入教育现场，与教师共同探索教育策略。这些专业引领行为都让教师感觉到自己不是一个人在黑暗中"孤独"探索，而是始终处于一个被关注、被鼓励、被引领的温暖环境之中。

同伴互助体现为教师之间平等对话、相互帮助、共同提高的团队合作关系，让教师在园本教研中感受到沟通有无、尽情交流与无私分享所带来的愉悦与快乐。同伴互助从根本上改变了教师之间的关系，由"单干"转变为"合作"，由"封闭"转变为"开放"，由"保守"转变为"分享"，由"狭隘"转变为"宽容"。教师之间打破了年龄、教龄、学历以及地域所带来的人际割裂

局面，大家出于对教研专题的共同关注，对专业发展的共同追求，对幼儿成长的共同探索，开诚布公，使新信息、新知识、新想法、新方法迅速传播、交流、碰撞，每个人的知识量和信息量在短时间内成倍增长。美国的一项研究表明，拥有"同伴互助者"的教师比那些独自工作的教师更容易运用新的机遇、策略与方法。因此，业务管理者要积极创设同伴互助的机会与平台，让教师在园本教研活动中感受到研究团队所带来的热情、活力与快乐。

自我反思体现为教师与自我进行专业对话，总结经验教训，积累个人实践知识的内部思维活动。专业引领和同伴互助都是教师的亲身体验，但仍然体现为外部活动，必须经过教师的比较、判断、消化、吸收等内部思考过程，才能发挥园本教研的引领、启发和借鉴作用。教师的反思水平与专业发展水平密切相关，骨干教师、特级教师以及教育专家，无一不重视反思，无一不是反思高手。形成经常反思的良好习惯，教师会更加积极主动地把思考与行动相结合，把理论与实践相结合，教师的个体实践知识就会积累得越来越丰富，专业知识与能力就会提高得越来越迅速。教师可以从中充分体会到研究反思活动给自己带来的成就感，这会进一步激发教师主动参与、积极创新的动力。

专业引领、同伴互助和自我反思在园本教研工作中缺一不可，它们实际上是在引导教师学会正确处理与专业引领者、幼儿园同事以及自我能动性之间的关系，这三者在教师专业发展过程中缺一不可。

目前，园本教研三要素存在的主要问题是，有些专业引领者的行政意识过强，没有把自己当作"同伴互助"的一分子，与教师没有建立起平等的专业合作关系；有的业务管理者的工作主要体现为检查日常工作和组织教研活动，而对日常工作和教研活动过程中的专业引领意识还不突出。在同伴互助方面，有的幼儿园在相互包容、相互欣赏和勇于创新方面还有待加强；有的幼儿园在研讨活动中看似积极发言，热烈争论，却已经偏离园本教研专题；有的幼儿园则是由于管理者处理问题时有失公平与公正，导致教师之间心存疑虑、相互猜忌，这对园本教研文化氛围具有破坏作用。在自我反思方面，教师"勤于工作"却"疏于反思"的现象依然存在，主要原因不是教师懒惰，而是"不会反思"。有的教师感觉反思来反思去还是那些，总是"干想"，自己不知道应该反思些什么。这说明教师的思维出现"枯竭"，幼儿园需要给教师"充电"，为教师创造"学思结合"的培训与指导机会，让教师有内容可想、有思维工具可用，这样才能带来"温故而知新"的新鲜感，这样教师才会乐于反思。

（二）选择教研专题，提高问题意识

"研究什么""有什么可研究的"，这是园本教研初期，教师们口头上常常蹦出的一句话。这些想法折射了教师对教研工作与日常工作的区别还不是很清楚，教研工作虽然融于日常工作之中，但它有自己的特点。日常工作范围大，做得全面，涉及方方面面，其目的是确保保教工作周到、细致，为幼儿营造全面发展的教育环境。教研工作则范围小，选择一个小专题深入研究、反复探讨，这样日常工作的许多方面就在一定时期内没有进入园本教研的视野，其目的是培养教师对工作的研究态度，促进教师专业发展，让教师观察幼儿、指导幼儿的能力更加专业化。可见，园本教研比较聚焦，围绕一个专题开拓思路、展开工作。教师需要在平凡的日常工作中善于发现问题、研究问题，培养自己的问题意识与研究能力。

问题意识是教师意识到一些不太明白、令人疑惑、难以解决的实际问题时产生的一种怀疑、困惑、焦虑、探究的心理状态，这种心理驱使教师积极思维，主动探索，想方设法解决问题，体现了教师在园本教研中的主体地位。有些教师问题意识薄弱，其原因往往是太熟悉自己的工作，解决问题的能力已经达到驾轻就熟的程度，所以觉得自己没有什么问题。而此问题非彼问题，工作中没有困难，不等于完全没有问题。成熟期教师主动反思自己的工作，探索出自己"没问题"的教育经验，在专业层面与同伴分享；或者对年轻教师"有问题"的教育现象进行专业分析，在专业层面相互探讨，这些都是问题意识。问题意识需要教师把熟悉的工作进行"陌生化"处理，搁浅自己"想当然"的思维方式，对自己多反问几个为什么，把自己"问倒"，迫使自己深入思考，这是园本教研的第一步。

意识到问题的存在是思维的起点，但不是所有的问题都能成为园本教研专题。不管是教师提出的个人问题，还是在一定范围内能产生共鸣的集体问题，都需要经过专业的价值判断，才能确定是否是园本教研要引领的真问题。

1. 来自教师的问题，而不是管理者的问题

园本教研专题应该是来自教师的问题，这句话说起来容易，做起来却很难分清哪些是教师的问题，哪些是管理者的问题。行政管理者常常也是专业引领者，所以常常站在自己的角度来看问题，并把它当作是教师的问题。

某所著名的幼儿园经常代表本区承担参观任务，为此就需要动员班级教师大力准备，教职工加班加点是家常便饭，管理者和班级教师都很辛苦。于是，管理者想到如果把大型接待活动常态化就好了，建议以此作为教研专题，目的是让教师根据大型接待活动的基本要求，在日常工作中就做好准备，这样就不用每次接到一个任务，教师就大动干戈一次了。结果这个专题做了一学期就草草了事，因为这不是来自教师的问题，而是管理者的问题。

某园长最近连续接到家长的投诉，主要涉及教师对幼儿照顾不周到、与家长沟通不到位等问题。她认为这些问题都源于教师的家长服务意识淡薄，需要教师在研究反思中提高家长工作的意识与水平。于是，园长让保教主任带领大家对这个专题进行研究。研究的结果是教师把家长工作抱怨了一通，园长把教师们教训了一顿，保教主任重申了幼儿园的工作制度。

以上两例确实是幼儿园经常遇到的实际问题，并涉及很多班级教师的日常工作，是管理者和教师需要共同面对的问题。但它们都不是来自教师专业发展中遇到的教研问题，主要是管理者遇到的工作困难。园本教研的主体是教师，如果教研专题主要来自管理者的需求，必然难以发动教师进行同伴互助和自我反思，专业引领也变成了行政命令，结果可想而知。

2. 来自"以幼儿为本"的问题，而不是"以教师为本"的问题

如果是教师主动提出的问题，是不是就可以作为教研专题呢？也未必。首先需要经过专业判断：此问题是"以幼儿为本"的问题，还是"以教师为本"

的问题。

某幼儿园在制订园本教研计划之前，先征集教师在实际工作中遇到的最大困惑，或者是迫切需要解决的最大问题。一位教师首先发言："现在的孩子几乎都是独生子女，家长对孩子娇生惯养，孩子越来越难带，不听话，缺乏规则意识。"一石激起千层浪，老师们都很有同感，围绕幼儿"缺乏规则意识"说了许多现象：上课随便插话，下楼不排队，户外活动横冲直撞，遇到冲突就动手，玩完玩具不收拾，图书与玩具损坏得厉害……幼儿缺乏规则意识，意味着存在安全隐患，而且"规则"与"安全"是幼儿教育的基本问题，是每个教师都会遇到的问题，因此这个问题应该作为教研专题进行研究。

于是，在接下来的教研活动中，大家都会积极主动地询问："你班最近制定了什么新规则？是怎么制定的？怎样引导幼儿遵守规则？怎样教育违反规则的幼儿？"同伴互助的氛围让教师们产生了很多策略与方法，有的教师回班后直接借鉴，有的教师尝试对其进行了创新，然后在下一次教研活动时再交流、再探讨。一学期下来，幼儿园把教师带领幼儿制定的班级规则以及规则教育方法集结成册，既可以作为园本教研成果供大家相互学习，又可以作为园本培训教材指导以后的新教师。

从日常工作的角度而言，这所幼儿园的保教工作还是很认真、很扎实的；但是从教研工作的角度而言，这个教研专题缺乏专业审视与专业判断过程。因为业务管理者没有启发教师思考许多专业问题，比如什么是规则？为什么要制定规则？制定规则是为了使教师工作方便，还是为了促进幼儿发展？班级没规矩，都是因为幼儿添乱吗？还有没有其他原因？规则是自上而下的灌输过程，还是来自幼儿的感受与体验？哪些规则是必要的，哪些规则是多余的？教师进行规则教育的时候，怎样尊重幼儿的主体性？幼儿违反规则都是错误行为吗？怎样兼顾规则与自由的关系，等等。如果这些问题不深入研究、不彻底澄清，那么所谓的规则教育就会让幼儿处于被动的成长环境之中，就是对幼儿的高度控制，如果这样，教研非但没有帮助教师解决问题，反而将教师引入歧途。

除了从"工作方便"出发以外，有的教师从自己的"兴趣"或者"专业特长"出发，也容易出现"以教师为本"的倾向。比如一位大班教师喜欢美术，又有很好的美术功底，所以她想进行"大班线条画教学增强幼儿自信心的策略研究"。这位教师的初衷是好的，她希望通过发挥自己的专业兴趣与特长，在教研活动中体现出优势。但是这个专题需要思考以下几个问题：为什么确定为增强幼儿自信心？本班幼儿不自信吗？不自信的具体表现和可能的原因是什么？为什么只通过线条画教学增强幼儿自信心？幼儿增强自信心的关键途径到底是什么？此研究最终想看到的结果到底是自信心导致幼儿线条画特别棒呢，还是线条画导致幼儿很有自信心？把这些问题都思考清楚了，这个专题是否合适，就可以做出明确判断了。

可见，教师主动提出的问题，经过专业审视之后，如果是"以教师为本"的问题，教师就需要转换视角，提出真正"以幼儿为本"的问题。

3. 来自实践的具体问题，而不是空泛的理论问题

"以幼儿为本"的问题，是否就可以直接作为教研专题呢？也未必。业务管理者需要做"接地气"的专业判断：此问题是否与教师的实践问题相对接？是否与教师的真实困惑相吻合？

某幼儿园一直实施主题教育课程，也出现了不少优秀的主题教育案例。教育部颁布《指南》之后，园长要求园本教研围绕主题教育研究得再深入一些，体现《指南》尊重儿童学习特点的指导精神。于是，业务管理者设计了三个"以幼儿为本"的专题，供教师选择：主题教育怎样促进幼儿的学习与发展？怎样让教育活动符合幼儿的发展需求？预设目标与生成目标对幼儿有什么不同的影响？教师们很爽快地回答"都行"，业务管理者说："那好吧，咱们一个一个地研究，先从第一个问题开始研究。"结果，教师在园本教研过程中展示了自己组织的许多有趣的主题活动，以及幼儿在主题活动中做了什么、说了什么，家长非常认可幼儿的进步，等等，最后都做出自我表扬性质的研究结论："主题教育对幼儿的学习与发展产生了积极的促进作用。"

上述案例中，业务管理者确实设计了三个"以幼儿为本"的问题，却是

根据理论框架"闭门造车",虽然没有偏离"以幼儿为本"的研究方向,但是题目太大,与教师的实际需求有较大距离。教师们对三个问题"都行"的爽快态度,说明教师没有把视角转向自己的实践活动,对自己的真实需求缺乏深入的专业思考,所以这个园本教研过程变成了工作汇报,教研成果变成了工作成绩总结。

如前所述,园本教研关注"实践创新",不是"理论创新"。对于幼儿园来说,这三个问题既没有研究的必要,也缺乏研究的可行性。一方面,它们都属于教育原理问题,已经有相关的理论研究成果,不需要教师再做重复劳动;另一方面,教师也研究不了这些空泛的理论问题,她们一般不会这样抽象地思考,其着眼点主要在于生动的实践情境之中。教师会根据幼儿的具体表现来反思自己的教育策略,所以,她们的研究都是有"故事"的、有"背景"的,过度脱离"故事"与"背景"的研究专题犹如空中飞舞的种子,无法与教师的实践"接地气"。结果导致理论是理论,实践是实践,两者都自有道理,但两者无法在教研过程中产生交集,这样的教研活动也许是热热闹闹的,却没能真正促进教师的专业发展。

4. 来自以点带面的关键问题,而不是过于狭小的问题

太大的题目不宜做园本教研专题,太小的题目也不宜做园本教研专题。比如有的教师提问:"怎样让幼儿集中注意力?""怎样让幼儿认真洗手?""怎样让幼儿学会用语言交往,而不总是动手动脚?"这些问题都太狭小,教师容易陷入孤立研究的狭窄境地或者钻牛角尖的死胡同;可以把这些小问题设计为话题展开交流,或者主动向其他教师请教,就能获得很多启发。园本教研要有一定的研究空间,抓住一个关键问题,以点带面,以此带动相关问题的思考与解决,从幼儿发展的整体性研究教育,而不是头痛医头、脚痛医脚。这样也更加尊重事实与科学,因为人的发展不是一项一项单独进行的,而是与个体的其他因素密切相关、齐头并进,所以研究也要在人的整体发展框架中展开。上述教师提出的三个问题过于狭窄,容易让教师"一叶障目,不见泰山""只顾一头,不及其他",它们都需要稍微拓展研究空间。教师可以尝试从幼儿学习品质、卫生意识与卫生习惯、交往能力与交往习惯等方面进行

研究，既把注意力、洗手和动手动脚等具体问题囊括其中，又把与它们相互影响的其他因素考虑在内。这样，教师的着眼点就会从整体上观察幼儿发展，从整体上改善教育环境，也从整体上提升自身的专业意识。

　　教研专题需要一定的研究空间，并不意味着教师在实际工作中遇到的小问题不重要，不值得研究，因为园本教研的工作宗旨是：园本教研的直接目的是促进教师专业发展，最终目的是促进幼儿健康发展，而教师发展和幼儿发展作为人的发展，都具有整体性，孤立的、片面的思维方式会割裂人的发展、整体性，影响幼儿身心全面发展，也影响教师全面提升专业素养。

　　以上内容以层层递进的方式，从四个方面剖析了选择园本教研专题的专业性，说明专业审视和专业判断在园本教研工作中具有首当其冲的重要作用。业务管理者和教师确立教研专题的过程，也是共同探究、共同成长的过程。确定教研专题不能仅仅是管理者的问题，也不是拍脑门、一次就能明确的问题，这需要业务管理者与教师共同深入挖掘、多次碰撞、反复推敲，让"真问题"浮出水面，让"伪问题"不再障眼，从而为园本教研开启专业的发展之路。

（三）设计教研计划，加强教研工作的目的性

　　教研计划是预设教研的实施过程，体现了教研思路的系统性与可行性；同时，教研计划与方案也不是一成不变的，园本教研的行为研究范式使教研工作的计划性、目的性与灵活性、调控性有机地结合起来。现在，园本教研作为幼儿园的常规工作，书写教研计划与方案已经不是问题，但园际之间仍存在差异，主要体现为"下移"力度：有的幼儿园只做园级教研计划与方案，主要由业务干部承担；有的幼儿园则有能力做班级教研方案，主要由班主任或者骨干教师承担。规模较大的幼儿园本身就是园级、年级和班级三级管理结构，所以设计教研计划与方案的工作至少要"下移"到年级，由年级教研组长承担。有的幼儿园师资力量强大，教研经验丰富，班级教师则有能力根据园级或者年级计划，设计自己的班级计划与方案。

　　当前，政府和社会都非常重视幼儿教育，幼儿园数量不断增加，幼儿园

规模不断扩大,幼儿教师水平不断提高,教研计划与方案"下移"到班级是一个趋势,也是教师专业发展水平提高的重要表现。在此以一所拥有30多个班级的大规模幼儿园为例,按照园级、年级、班级的顺序,以描述和解析重点内容的方式展现由全园统一部署教研计划、由年级和班级逐层落实的面貌,希望为其他幼儿园带来启发与借鉴。

幼儿园三级教研计划

全园教研计划

本园是陈鹤琴教育思想研究基地,申报了"以活教育思想为指导,促进幼儿自主学习的策略研究"科研课题。通过课题实验班在全园进行教研活动的示范、观摩、研讨以及对全体教师进行自主学习的专题培训与经验总结,本园已经可以把这个科研课题作为园本教研专题在全园开展。全体教师可以从主题教育园本课程建构、五大领域集体教育活动、环境创设以及区域游戏活动四个途径,设计自己的教研计划与方案。

年级教研计划

幼儿园分为小班、中班和大班三个年级,分别从小班心理健康教育、中班科学教育和大班音乐教育三个领域实施幼儿自主学习支持策略的研究。其中,大班教研计划的主要内容为:①教研组重视日常教研学习,指导教师领会《纲要》精神,结合大班幼儿在艺术领域的年龄特点和发展目标,启发教师设计班级教研计划。②教研组结合教师们不同的音乐素养、教育风格及个人特点,关注教师们的个别需求,满足不同教师的不同专业成长需求,帮助她们提升音乐教育专业素养。③大班部有三名区级骨干教师,骨干教师要积极做好示范活动,发挥骨干教师的示范引领作用,提升教师的创新意识和水平。中青年教师要注重提升观察与分析总结能力,提高教师理论结合实际进行评析研讨的能力。④鼓励教师积极学习和掌握现代化多媒体手段,如"会声会影"和一些下载音乐资料的软件等,教师要尝试着利用多媒体手段为班级的教研工作服务。

在大班教研组长的引领下,六个大班两两结成教研伙伴,做同一个子课题，这样共形成三个子课题领域，即歌曲欣赏与表演、名曲欣赏与打击乐表演、音乐剧欣赏与表演，班级教师分别从这三个子领域研究幼儿自主学习的支持策略。

班级教研计划

以大班为例，大一班与大四班合作研究"在名曲欣赏与打击乐表演中支持幼儿自主学习的策略研究"，她们制定了三个教师专业成长目标：①掌握有关音乐节奏的知识，提高音乐节奏的表现力；②挖掘乐器的教育价值，有效地利用乐器表演促进幼儿的发展；③准确把握大班音乐教育与幼儿音乐学习的重点。此外，她们还制定了四个幼儿发展预期目标：①支持、鼓励幼儿大胆地随音乐自编动作，在音乐活动中敢于表现自己；②提供丰富的打击乐器，鼓励幼儿探索乐器的演奏方法；③培养幼儿掌握简单的节奏，表现自己不同的情绪情感；④经常给幼儿播放节奏鲜明的经典音乐作品，并组织专门的音乐欣赏活动，引导幼儿感受音乐的美。

大部分班级会跟随年级教研组长的教研计划细化本班教研计划，有的班级则从主题教育途径研究幼儿自主学习的支持策略，比如大班主题教育"我爱北京"、中班主题教育"瓶瓶罐罐"、小班主题教育"能干的小手"都各自侧重本年龄段幼儿的学习内容与学习方式。还有的班级从环境创设和区域游戏的途径探索幼儿自主学习的支持策略。业务管理者充分发挥全园教研工作统一部署与协调的职能，在专业引领上因年级而异、因班级而异、因教师而异。这样，在学期或者学年末的时候就会出现多种优秀教研案例，幼儿园再搭建相互交流、相互学习的平台，使教师不仅从自己的教研工作中获益，还能从其他教师的教研工作中开阔眼界、受到启发。

以上三级教研计划体现了教研目标与内容从宏观到微观、从抽象到具体、从理论到实践的细化过程，完整的教研计划还应该有详细的教研方式、活动形式以及教研时间安排。教研计划不要只是简单地罗列学期活动清单，也不要年复一年地程序化地走流程，教研计划应该体现每学期小步前进的步伐，即使没有明显的进步，业务管理者也要认真反思、分析园情，让教研计划体现出思考与发展的痕迹。

（四）组织教研观摩与研讨，培养教研骨干

园本教研必须基于教研现场，不能让教师空谈。比如，如果业务干部组织大家讨论："在区域游戏活动中，教师的角色应该是什么？教师该不该干预幼儿的游戏？"大家都会陈述永远都正确的答案："教师是幼儿活动的支持者、合作者与引导者。""教师应该尊重幼儿的主体性，不应该以自己的主观意志干预幼儿的游戏。"可是置身教研现场，我们就会发现：教师的教育行为不是绝对地干预幼儿，也不是绝对地不干预幼儿，而且干预的形式与效果多种多样。教师会根据现场的诸多因素来决定自己要不要干预幼儿，有的干预行为是提供支持，有的干预需要教师的参与，有的干预则出现师幼合作，有的干预是教师提供幼儿同伴互助的机会，当然有的干预行为属于过度干涉。诸多干预，不一而同，每个干预行为背后都可以用一套道理加以解释，每个教育行为对幼儿产生的效果都可以做出一套价值判断。可见，组织教研观摩与研讨，是园本教研的主要工作内容。

"一课多研"和"同课异构"是目前观摩研讨集体教育活动的主要形式，是指同样的教育内容可以根据不同的思路去设计与组织实施，结果呈现出不同的活动现象，教师以此做出不同的分析解读与价值判断。期间，执教教师根据大家的意见和自己的想法，对教育活动进行多次调整与改进，观摩教师在研讨中各抒己见，相互启发，反复思考，共同提高。在这个过程中，执教教师最辛苦，受益也最大，往往会成长为教研骨干。

"一课多研"教研观摩案例

某园中班教师以科学活动"瓶子放大镜"为题，在教研组实施了一课三研的活动。活动目标是：（1）通过多次观察和比较，了解瓶子装满水后能使物体放大的现象。（2）学习观察和比较，增强科学探究兴趣。活动需要教师准备各种不同的饮料瓶和若干报纸。

第一次观摩现场

教师先为幼儿导入一个情境:"一位有学问的老奶奶,特别喜欢看报纸,因为报纸上的字太小,所以看的时候需要一个工具帮助她。你们知道是什么吗?它叫放大镜。你们用它看过东西没有?"小朋友都有看放大镜的经验,可以小结出:透过放大镜看,物体变大了,看得更清楚了。

接着,教师继续导入情境:"今天,老奶奶要来幼儿园给小朋友们读报纸,可是她的放大镜忘记带了。怎么办啊?我用班里的瓶子给老奶奶做了个放大镜。你们知道应该用哪个瓶子吗?"随后,教师引导幼儿进行了五次操作。第一次操作比较装水的瓶子和空瓶子,小结出:装水的瓶子有放大的效果。第二次操作比较透明瓶子与不透明瓶子,小结出:透明瓶子看得更清楚。第三次操作比较方形瓶子和圆柱形瓶子,小结出:圆柱形瓶子看得更清楚。第四次操作比较深色瓶子与浅色瓶子,小结出:浅色瓶子看得更清楚。第五次操作比较有花纹的瓶子和没花纹的瓶子,小结出:没有花纹的表面光滑的瓶子看得更清楚。

最后,教师与幼儿一起总结:能当放大镜用的饮料瓶的特点是装满水的,透明的,圆柱形的,颜色浅的,没有花纹的。

第二次观摩现场

情境导入与第一次操作同上。

第二次操作之前,教师先设疑:"你们找到的瓶子真的可以放大报纸上的字,但是有的能看清,有的看不清,这是为什么?"然后让幼儿自由操作进行比较,重点引导幼儿比较瓶子的不同(形状、花纹、颜色等)。最后总结同上。

第三次观摩现场

这一次无情境导入,教师直接对幼儿说:"今天老师带来了各种各样的瓶子,你们每个人的座位上都有一张报纸,你们用瓶子和报纸做游戏,看看能不能发现什么秘密。"幼儿开始操作,有幼儿发现:"字变大了。"教师及时关注与引导幼儿,帮助他们发现了"瓶子放大镜"这个秘密。然后,教师抛出问题:"字都能变大吗?"幼儿发现空瓶子不行。接着教师追问:"瓶子做放大镜,有的能看清,有的看不清,你们比较哪个瓶子做放大镜看得最清楚?"最后总结同上。

这三次教研观摩活动的材料与目标是一样的，但教师的引导过程却不一样。第一次活动逻辑性很强，幼儿一步一步地操作，活动常规很好，教师指导起来很轻松。但是观摩老师认为执教老师控制了整个活动过程，幼儿只是按照教师的要求进行操作，自主学习的空间不够。在第二次活动中，执教老师从第二次操作开始让幼儿自主活动，最后也得出结论，但是观摩老师觉得现场比较乱，有的幼儿积极思考与发言，有的幼儿随便乱玩，有的幼儿坐着发呆。第三次活动换了一位执教老师，她想给予幼儿更大的活动空间，去掉了情境导入环节，让幼儿自己发现瓶子放大镜的功能，然后再引导幼儿发现不同的瓶子具有不同的放大效果，最后总结出放大效果最好的瓶子的特点。可见，三次活动都能实现活动目标，但是幼儿每次达到活动目标的活动过程与思维方式是不同的，这是由于教师组织每次活动的思路不同，此为值得反思的专业点位。

其实，"一课多研"和"同课异构"的教研现场，能引发非常丰富的研讨内容，教师会产生很多认知冲突与矛盾，有的问题越想越明白，有的问题则越想越困惑，似乎没有唯一的、最好的且让所有教师都满意的答案，这正说明了"教无定法"的客观规律。园本教研的目的不是给教师一把放之四海而皆准的"万能钥匙"，而是让每个教师都成为行动中的思考者、思考中的行动者，以专业思考来审视和提升自己的教育实践。

（五）总结交流成果，提高教研水平与教育质量

教研总结与优秀成果交流非常重要，是园本教研有始有终的体现，如果缺乏这一步，很多教研过程中的感悟、体验与灵感，都会很快消失，教师无法回顾与反思自己的成长足迹，有头无尾的教研工作会大大降低园本教研的成效性。不少幼儿教师都喜欢做、喜欢说，但不喜欢写，而教研总结必须要有所写。业务管理者为此要在学期教研工作中有所安排，逐渐形成制度。

教研总结有观察记录、反思笔记、教研案例、教研论文等多种方式，每种方式各有特色、各有侧重。

观察记录的描述性较强，主要体现教师在观摩教研活动时，对幼儿活动、教师行为和师幼互动过程的观察实录，这是培养教师观察儿童以及教学关系的重要途径。

反思笔记具有随笔的特点，主要体现教师在教研活动过程中的所思所想，对培养教师的专业判断与专业反思能力具有非常重要的意义。

教研案例基本反映教研过程原生态，是执教教师把自己承担的教研观摩活动的整个过程记录下来，包括活动的来源与思路、活动目标、活动准备、活动流程、活动过程中幼儿的表现以及活动之后的调整、反思等一整套完整的设计、组织和实施过程，这是研发园本教研优秀案例的主要途径，再加上相关照片与视频，就可以对其他教师做园本培训。

教研论文的理论性较强，主要体现教师理论联系实践的能力，教师以总结实践经验为主，同时为避免实操经验过于随意、表面、肤浅，教研论文需要用相关理论来提升自己对实践经验的理性思考与专业判断，从而为以后的实践工作提供启发与借鉴。

三、基于园本课程的培训

20世纪90年代以前，幼儿园都使用全国统一的幼儿园分科课程。自教育部陆续颁布《幼儿园管理条例》《规程》《纲要》等文件之后，各幼儿园相继开始进行园本课程建构。幼儿园的课程权利大了，对业务管理者和班级教师的要求也更高了。业务管理者对园本课程的领导力和专业引领能力直接决定着园本课程的发展方向，班级教师的课程设计、组织、实施与评价能力直接决定着园本课程的教育质量与效果。园本课程建构激发了幼儿园教育改革的潜力与活力，也给幼儿园带来了很多困惑与挑战，每所幼儿园都在自己的原有基础上进行探索，诚实地面对自己的问题，努力地解决着自己的问题。

园本课程需要研究和培训的内容非常多，涉及不同的领域与层面。在此集中探讨班级教师在建构园本课程过程中遇到的主要问题，为选择园本培训内容提供启发与借鉴。

（一）教师不清楚本园的园本课程

幼儿园的业务管理者对本园的园本课程是最清楚的，然而很多管理者却没想到班级教师未必很清楚本园的园本课程是什么。在一项针对园本课程的调查问卷与访谈中，某园教师对"本园使用什么课程"的回答五花八门："我们使用的是创新课程""我园是美术教育园本课程""我园是教科研引领的课程""我园的课程以《纲要》为指导""以前是分享阅读课程，现在是奥尔夫音乐课程""我们是阳光体育课程""我们使用的是××大学编的一套课程""我们是综合主题课程"……结果发现教师与业务管理者回答不一致的现象非常普遍。有的业务管理者解释道："经常对老师说园本课程，我们还出书了，她们没注意，也可以理解。老师主要是带班，组织具体的活动，她们不太关注这些抽象的东西。"

从教师们的回答可以看出，教师对幼儿园的园本课程并不是一无所知，却也模糊不清。业务管理者的解释只是描述了表面现象，其主要原因与园本课程的发展现状密切相关。

20世纪90年代以前的全国统一课程有完备的教师用书、儿童用书、教学参考书与教具，业务管理者和教师不必考虑课程设置问题。现在不但要考虑课程的设计、组织与实施，业务管理者还要掌握课程理论，做出课程判断与决策，而这是一个难度很大的工作。业务管理者不断地带领班级教师一起学习教育理论，更新教育观念，创新课程模式；很多幼儿园还有科研课题、教研课题，与相关教育部门、科研单位或者培训机构合作的过程中也会引进一些教育观念、教育模式以及教材、教法、教具；再加上浩瀚如海、层出不穷的网络幼教资料，这些都让业务管理者与班级教师感觉教育领域纷繁复杂、应接不暇。因此，即使是同一所幼儿园的教师，由于每位教师几年来所承担的课题不同、设计课程的切入点和进修学习的侧重点不同，对本园课程的理解与判断也会有所不同。但是众所周知，如果全园教师对园本课程缺乏统一的认识，那么将影响园本课程的发展与实施。

鉴于园本课程建构过程中出现的一些不可避免的变动性与复杂性，业务管理者需要加强课程领导力与专业判断力，以真正促进幼儿学习与发展为最终目的来优化课程结构，而不要受概念炒作、形式花哨以及经济利益等不良因素的影响。同时，还要加强基于园本课程的园本培训，与教师一起探索各种教育理念与教育方法之间的一致性及冲突性，提高教师对园本课程的统一认识与整合建构能力。

（二）受陈旧教育观念的束缚

在幼儿园课程改革过程中，"穿新鞋，走老路"的现象一直存在，这是因为知识化的课程意识、小学化的幼儿教育等陈旧观念具有很强的惯性，一直在根深蒂固地影响着教师，教师却很难自我明察。因此，业务管理者要深入教师的课程建构过程，从课程的设计、组织、实施以及评价等各方面观察教师的教育观念，帮助教师解开心中的谜团，使她们逐渐摆脱陈旧观念的束缚。

某幼儿园隶属一所大型科研机构，大多数孩子的家长都是科学研究工作者，其中很多都是知名专家和科学家。为了充分利用家长资源优势，该园长期专注于科学教育，宗旨是"为未来的科学家培养接班人"。因此，很多班级经常开展科学领域的主题教育。

某大班设计的主题是"小小科学迷"，围绕"有趣的物理现象""奇妙的化学现象""神奇的自然现象"和"神秘的生命现象"四个分话题展开主题教育。教师如此设计主要有两个原因：一个是科学现象主要包括这四个方面，可让幼儿对科学现象有一个系统的概念；另一个是本班的幼儿家长中科学家多，可以充分利用家长资源加强科学教育的科学性。在教师的号召下，家长们踊跃参与这个主题教育，其中一位家长在"有趣的物理现象"中多次到班里给幼儿做风电实验、固体导热实验、大气压强实验。老师说，其他幼儿看见别的小朋友的家长来了，也赶紧叫自己的爸爸妈妈或爷爷奶奶来班里做助教。她说这次主题教育非常成功，专家级别的家长积极支持，孩子们非常兴奋，她自己也很有成就感。

毫无疑问，上述案例中，班级教师在这个主题教育中付出很多，也充分体现了现代幼儿园课程的开放性，在课程建构中积极吸纳家长资源，调动了幼儿的学习积极性；但是，这个课程方案依然深受陈旧课程观的消极影响。在教育内容方面，这个主题教育是按照知识体系设置的，把科学现象分解为物理、化学、自然、生命四个领域，与幼儿的现实生活经验相距甚远。"风电实验、固体导热实验、大气压强实验"都非常成人化，教师应该把教育内容定位在引导幼儿发现身边的、生活中的科学现象。在学习方式方面，幼儿在实验中主要是被动观察，无法主动操作。科学教育需要给幼儿提供直接感知、动手操作和亲身体验的机会，这样才能培养幼儿的科学意识与科学态度。

在幼儿园课程中，主题教育不是知识大拼盘，科学教育不是向幼儿传授准确的科学知识，也不是请专家讲科学知识、做科学实验，而是教师充分挖掘幼儿的自然生活和实际生活经验，为幼儿创设观察、记录、比较、操作和实验等体验过程，激发幼儿的探究兴趣，发展幼儿初步的探究能力，帮助幼儿形成受益终身的科学学习态度和能力。

（三）自由与自律的课程权利不均衡

园本课程建构是一个课程权利逐步下移的过程。《纲要》指出："教师要根据本《纲要》，从本地、本园的条件出发，结合本班幼儿的实际情况，制订切实可行的工作计划并灵活地执行。"这样，国家放权给地方，地方放权给幼儿园，幼儿园放权给班级教师，因此，班级教师的课程权利是很大的。教师有了选择教育内容与教育组织形式的自由，有利于根据本班幼儿的兴趣与水平，设计出符合本班幼儿实际需求的各种教育活动。但是要想达到这种效果，需要教师在观察幼儿、分析幼儿、教育观念以及教育策略上有较高的专业水平，更需要教师有自觉自律的专业意识，否则不利于教师的专业发展。

某园园长忙完行政事务之后，就随机到各个班级看一看。走到王老师那个班的时候，园长在班级外墙上张贴的教育计划中看到，10点开始应该进行教育活动了，可是幼儿依然在玩区域活动。园长问怎么回事，王老师说今天幼儿对区域活动兴趣很浓，现在还没有玩够，所以临时调整了活动安排，把教育活动改在明天。园长明显感觉到是教师准备不充分，又没想到今天园长转到自己班，于是以幼儿兴趣为理由，利用自己的课程权利"灵活调整"教育计划，把园长"拒之门外"。但是园长无话可说，因为自己曾在园本培训中说过，教师可以根据幼儿的活动兴趣或者课程需要，临时调整时间安排，打破教育活动与区域活动的时间限制，使之自然衔接。现在问题出现了，园长认为有必要纠正教师可能存在的一些错误想法，于是园长说："那好吧，明天这个时间我再来，我对你的活动很期待哦。"王老师说："啊？好，好，欢迎，欢迎。"

在园本课程建构过程中，教师的自由权利过度主要有两个版本：一个版本是"园本课程就是教师说了算"，正如上例；另一个版本是"园本课程就是幼儿说了算"，有的教师觉得自己倒是"省事"了，因为既然幼儿园课程要"跟随"幼儿的兴趣、幼儿的发展水平，那么教师就把权利下放给幼儿了，任由幼儿自由自在，充分张扬"幼儿的主体性"，教师的"主导性"与教师的"教育角色"变得可有可无。可见，园本课程给予教师的自由权利越大，对教师的自律意识要求也越高，自由与自律这一对矛盾关系对幼儿园的业务管理水平和专业指导水平也提出了更高的要求。

（四）把园本课程狭隘为特色课程

当教师把园本课程解读为自己在幼儿园实施过的美术教育课程、分享阅读课程、奥尔夫音乐课程、阳光体育课程时，说明教师的课程观比较狭隘，把特色课程理解为园本课程，这些特色课程以学科课程为主，教师非常关注教学法。但是幼儿园的课程观是广义的，幼儿在园的一日生活皆为课程，幼儿园还要以游戏为基本活动，因此学科知识及其教学法只是课程的一小部分，只是幼儿在园一日生活的一个环节，集体教学也只是教育组织形式之一，因此把园本课程狭隘为特色课程是错误的。

幼儿在园需要合理的一日生活作息制度，幼儿园要为幼儿妥善安排饮食、睡眠、游戏、区域活动、户外活动和教育活动，每个环节都有着特殊的教育意义，具有其他环节所不能替代的教育功能，所以园本课程建构要立足于幼儿的一日生活。

某幼儿园实施的是"自主发展"园本课程。小班王老师的美术功底比较好，多次在幼儿园展示幼儿在美术活动中大胆创意所体现的自主发展成果。但是她这种体现幼儿自主发展的教育意识，在户外活动中就消失了。她总是觉得幼儿户外活动的秩序比较乱，孩子们之间相互打闹的状况经常出现，游戏进行的过程中往往不知道该轮到谁了！她认为总是有个别淘气的孩子把大家带乱，孩子们的竞争意识和集体荣誉感很弱。于是，她与另外两名班级老师进行了交流，决定共同"有意识、有目的、有计划、有步骤、持续不断地对幼儿的行为习惯进行培养和训练"。首先，她们抓集合训练，包括体育活动前、体育活动中、体育活动结束前的集合，集合要求快、静、齐，强调精神面貌。其次，通过严格的队列、队形练习，让幼儿了解正确的站姿、走姿、跑姿及其动作要领。在强化训练中，逐步让幼儿形成良好的姿态。第三，加强幼儿的安全意识教育，培养他们高度的责任感。

《规程》明确指出，幼儿园教育要"合理地综合组织各方面的教育内容，并渗透于幼儿一日生活的各项活动中"。上述案例中王老师把"自主发展"园本课程局限于美术教学，在户外活动中对幼儿进行严格的训练。她对淘气儿童的偏见，对小班幼儿要求有竞争意识、集体荣誉感、高度的责任感并且进行"持续不断的"训练的行为，都是违背小班幼儿身心发展规律的，更不可能促进幼儿的自主发展。《幼儿园管理条例》明确指出："幼儿园可以根据本园的实际，安排和选择教育内容与方法，但不得违背幼儿教育规律，不得进行有损于幼儿身心健康的活动。"

可见，幼儿园要把先进的园本课程理念置于幼儿的一日生活之中，观察和指导教师在一日生活的各个环节贯彻课程理念，并尊重幼儿的自然发展规律，这样的课程才能真正促进幼儿的发展。

（五）园本课程的组织形式单一

长期以来，"课"给人留下了持久的刻板印象："课"就要有课桌、课本、课堂；教师上课，学生听课；学生上课要遵守课堂纪律，下课才能自由活动。20世纪90年代以前的幼教课程与课堂就是这样的，与中小学没有区别。现在，幼儿园的课堂形式发生了很大变化：课桌课椅幼儿化了，座位由一排一排的变成了圆形的、U形的，幼儿也可以直接坐在地上；教师变得可亲可爱，师幼关系亲密。但是在园本课程建构过程中，这些课堂形式的变化还不能满足课程组织形式的要求。园本课程建构不能仅仅体现在课堂上，即集体教学活动，还需要通过分组活动、个别活动等多种组织方式，以及室内区域活动、户外体育活动、生活教育环节、亲子活动、社区活动等多种途径体现园本课程理念，否则就会对幼儿发展的整体性造成不良影响。

某幼儿园实施的是思维发展课程，并与一家课程研发公司合作，设计了一套完备的课程资源：教师用书、幼儿用书、家长用书、教参、教具、玩具、多媒体资源等一应俱全。这家课程研发公司总部还有一套为幼儿园服务的管理体制，凡是加盟园都能享受分别针对教师和家长的培训课程。此外，这家公司还经常搭建加盟园之间的参观、交流与研讨平台，组织优秀案例与论文评选，优秀教师还会受到公司总部的认可与嘉奖。由于课程资源齐全、服务体系完备，所以教师实施起来并不难。

参观者在参观这所幼儿园的时候发现，一位教师按照课程表组织了一节严谨、有序而又生动活泼的集体教学活动，其中不乏教师的用意与创新。下课后，幼儿喝水、如厕，稍作休息。接着教师播放了一段音乐，小朋友开始玩区角活动。参观者发现幼儿入区非常有秩序，似乎非常清楚自己今天该玩什么区，没有争抢现象。参观者问一个小朋友："你今天为什么在这里玩？"小朋友说："老师规定的。""你能不能玩其他区域？""不能，下个星期小朋友才能交换玩。"这时有一个小朋友离开自己的座位，看别的小朋友玩。教师说："回到你的座位上去，不然，下个星期你就不能在这个区玩了。"

案例中，从教育活动和区域活动现场可见，这所幼儿园的园本课程是一套预先设置好的教学程序，课程内容不必从幼儿生活中生成，教师只要按照课程表上完集体教学内容，"思维发展"的课程任务就"完成"了。至于区域活动以及其他生活环节，均与"思维发展"课程无关，于是区域活动就出现了教师如上课一样对幼儿的高度控制与高度干预，单一的课程组织形式对幼儿的不良影响在上述情形中不言而喻。

其实，各种教育组织形式对幼儿发展的作用"各有一套"：集体教学活动侧重教育的计划性与系统性，有利于提升和拓展幼儿的已有经验；区域活动侧重幼儿自由选择活动内容与活动方式，让幼儿在游戏中学习，在与同伴的交流与合作中学习，有利于幼儿自主建构经验以及幼儿社会性的发展；生活环节侧重幼儿的保育与保健，有利于幼儿的身心健康发育以及良好生活习惯的养成；户外活动则侧重幼儿的体能发展，有利于增强幼儿的体质。此外，教师与幼儿之间、幼儿与幼儿之间一对一的随机交谈，对幼儿都是非常必要的活动方式。由此看来，园本课程的组织形式不可单一，正如《纲要》所说："教育活动内容的组织应充分考虑幼儿的学习特点和认识规律，各领域的内容要有机联系，相互渗透，注重综合性、趣味性、活动性，寓教育于生活、游戏之中……组织形式应根据需要合理安排，因时、因地、因内容、因材料灵活地运用。"

（六）难以兼顾全面发展教育

目前的园本课程取向主要有两类：一类侧重理论，另一类侧重领域。倾向于课程理论建构的有从小学做人、生活教育、自然教育、师幼互动、个性化教育、潜能发展、幼小衔接、家园共育、融合教育与随班就读、陈鹤琴教育思想、张雪门教育思想以及国外的多元智能理论、华德福教育思想等。在这些教育思想和教育理论的指导下，幼儿园引领教师逐步完善课程的编制、审议与实施。倾向于领域课程建构的有健康生活教育、户外区域体育、早期阅读、汉英整合课程、国学启蒙、数学探究教育、综合艺术教育、音乐教育、戏剧教育、角色教育、主题教育、亲子课程等，园本课程在内容编制上侧重五大领域中的一个领域。即使倾向于理论建构的园本课程，也会对其中某一领域或者若干领域比较"青睐"，因为这样容易使园本课程建构有切入点，有助于教师为课程理念找到内容载体。可见，总体侧重领域的课程建构，事实上让教师难以在内容上兼顾五大领域的全面性。

某幼儿园实施的是美术教育课程，侧重绘画，因此幼儿园的环境创设非常凸显幼儿的美术特长。进入班级，触目所及的电视罩、钢琴罩、幼儿和教师的T恤衫都是幼儿自己创作的，幼儿的美术作品琳琅满目。美术教育区域化也很突出，幼儿在区域活动中有大制作，有小制作，有单独创作，也有合作创作，孩子们很专注、很安静地活动，美术操作水平也很高，给参观者留下了深刻的印象。但是在交流研讨的时候，有的参观者提出质疑：美术教育比重过大，是否会影响幼儿的全面发展。在环境创设和区域活动材料中，各个班级的科学区和自然角明显薄弱；图书角虽然有一些幼儿自制的图书，但是图书的种类不全，数量也不充足，而且现场发现极少有幼儿在图书角读书，绝大部分幼儿都忙着画画了。

众所周知，幼儿教育是全面发展的素质教育，正如《纲要》指出"城乡各类幼儿园都应从实际出发，因地制宜地实施素质教育"。幼儿教师是"幼教全科"，而不像中小学那样是"任课教师"。因此即使幼儿教师有个性、有特长，园本课程有侧重，幼儿园也应该始终坚持以教师"幼教全科"的素质实施促进幼儿全面发展的教育，这样才能确保园本课程建构的正确方向，才能在尊重教师个性与特长的基础上指导她们实施全面发展的教育。

（七）园本课程建构尚不成熟

从《幼儿园管理条例》《规程》和《纲要》可见，全国取消了统一的幼儿园课程，那么幼儿园就必须进行园本课程建构，有的幼儿园是自觉地走向园本课程建构，有的幼儿园则是被动地推向园本课程建构。目前，绝大多数幼儿园都处于"课程园本化"与"园本化课程"之间的状态，期间出现很多问题是难以避免的。

对比考察"课程园本化"与"园本化课程",它们之间的主要区别是:"课程园本化"的幼儿园基础比较薄弱,需要外部力量的支持与指导,否则,幼儿园不知道怎样建构课程,教师不知道"该教幼儿什么"。因此,这类幼儿园可能直接与课程研发公司合作,引进现成的课程,是课程的参与主体;有的幼儿园也可能模仿和借鉴多元课程模式,鼓励教师自己去整合。如果教师遇到外来课程模式与本园和本班实情不相符的矛盾,再进行小范围的调整,教师改编的活动比较多。因此,这类幼儿园的园本课程的独立性与成熟度还不够强。"园本化课程"的幼儿园基础比较扎实,有自主领导课程的能力,是课程的权利主体,教育内容的选择性和整合性都很强,教师有能力研发原创的教育活动;这类幼儿园也有困惑,主要是尊重任何事物都具有的螺旋式上升的发展规律,反复审视和解决幼儿教育的基本问题,在传承与创新以及课程的稳定性与变革性之间把握好平衡,使课程每前进一步,建构课程的理念、管理与师资也都成熟一步,对幼儿的发展与教育也理解得更加透彻。因此,这类幼儿园的园本课程比较独立与成熟。

由此可见,园本化课程是基于本园的课程取向。对于一个幼儿园来说,没有最好的课程,只有最适宜的课程。即使幼儿园急于求成地"复制"所谓最好的课程,也未必适合自己的幼儿园。众所周知,意大利的瑞吉欧项目教学被美国《时代周刊》誉为"世界上最好的教育系统之一",我国很多幼儿园曾经争相模仿,愿望是好的,但是效果未必如愿。因为瑞吉欧教育与意大利所特有的教育、文化与艺术环境息息相关,盲目照搬会失去其特有的价值和生命力。美国心理学家加德纳说:"不管一个教育模式或者体系多么理想,它总是立足在当地的环境之中。"

可以说,对于所有幼儿园来说,园本课程建构都在路上,课程改革每前进一步,都会触动课程体系的相关因素,出现新形势下的矛盾与问题,需要每个幼儿园自己去发现、去解决。只要园本课程总的目标和价值取向是建立在促进幼儿全面、和谐发展的基础之上,园本课程就会一步步走向成熟与独立。

四、基于反思能力的培训

随着以园为本教研制度项目建设的推进,很多幼儿园的教师已经逐渐形成反思的习惯,新颁布的《幼儿园教师专业标准(试行)》更是把反思能力作为专业必备能力之一,因此,不断提高教师的反思水平应该作为园本培训的重要内容。

(一)了解教师的反思现状

由于教师的专业基础与性格各不相同,教师的反思类型也多种多样。

1. 浅尝辄止型反思

有的反思缺乏观察视角,内容选择缺乏专业深度,教师只是把听见和看见的幼儿所说所做的记录下来,并不加以反思或者反思浮皮潦草、浅尝辄止,犹如流水账。

户外活动时,孩子们开心地跟着我玩"划龙船"的游戏。突然,小雨大声说:"老师你看,有只壁虎。"于是,所有人的目光都投向小雨手指的位置。孩子们围过去,问:"在哪儿呢?在哪儿呢?我看看。"还有几个胆大的孩子想去捉它。我见孩子们这么想看这只小壁虎,就让他们先观察了一会儿,问:"小壁虎长得什么样儿?"有的小朋友说:"是灰色的。"还有的说:"有四条腿,还有两只眼睛。"有的说:"还有一条长长的尾巴呢。"几个女孩子说:"它长得太丑了,好可怕呀!"我告诉孩子们,壁虎长得是很难看,但它吃苍蝇和蚊子,是人类的好朋友。借此,我给他们讲了《小壁虎借尾巴》的故事,孩子们听得很认真。通过故事他们从中了解了动物尾巴的用处,以及小壁虎的尾巴有再生的功能。

2. 理论标签型反思

有的反思会在直白描述之后,简单地引用一段《规程》《纲要》《指南》,或者套用一段理论,但是缺少分析,理论与实践之间缺乏必然的联系。

在美工区，我们为孩子们投放了大量的宣纸、彩色卡纸、毛笔、油画棒等材料。天天说："呀！这么多纸，我用它们做些什么呢？"小涛说："老师，这是什么呀？""这是水粉，你们可以试一试把水粉涂在纸上，看看是什么样子。""是吗？那我来试一试。""我也要！""我也要！"……美工区一下子热闹起来，孩子们拿起毛笔和小刷子任意涂鸦，制作了很多作品。我在他们涂好的绿色圆形纸上画上叶脉，几片活灵活现的荷叶就做好了。"呀，真漂亮啊！"孩子们看着自己的作品高兴极了，我们一起把它贴在墙上的主题板上。

最近，我不断地有针对性地向美工区投放各种材料，每一次都投放一种新的材料，供幼儿发现并利用这些材料制作一些他们所喜欢的作品。比如，前段时间我投放了若干牙膏盒。小鱼儿看到说："哇！这么多的牙膏盒，我们用它们做点儿什么呢？"小桐说："我看用它们做一列长长的火车吧！"成成说："我和你一起做！"经过观察，我发现幼儿对这些材料是很感兴趣的。

《纲要》中指出："投放材料的种类应根据幼儿的兴趣和需要添加，不断支持幼儿实现自己的想法，促进幼儿与材料的相互作用。"这几次观察的都是在我投放新材料时幼儿的表现。每当我在区域中投放新材料时，就会吸引幼儿，他们会积极主动地去摸一摸、做一做。通过探索和操作，幼儿发展了设计能力、交往能力，认识了材料的特征，获得了知识经验。接下来，我会更加关注幼儿的需要，适时地给予支持，促进幼儿更加积极主动地进行探索。

很多教师都习惯于在反思结尾处，贴上一段理论标签。此例中，教师不是先观察"幼儿的兴趣和需要"再投放材料，而是恰恰相反，教师总是先投放新材料，然后幼儿出于本能的好奇心"主动地去摸一摸、做一做"；教师也没有观察和分析"幼儿与材料的相互作用过程"，最后就直接得出结论："通过探索和操作，幼儿发展了……"

3. 偏爱成功型反思

长期以来，人们习惯于犯错误了才进行反思，但是很多教师认为自己做了那么多工作，没有功劳也有苦劳，怎么能反思错误呢？于是，把反思操作为向领导汇报工作成绩。其实，专业反思是客观的、冷静的，无论是工作中的成绩还是失误，教师都无须过度地紧张和在意，不必一味地罗列成绩，也不必有意地回避问题，而是应该以认真思考的态度，从专业的角度去回顾和分析自己的工作，以达到提升自我的目的。

比如上例，教师的思维方式就是：只要自己做了，孩子就会有发展，而且把孩子的进步统统归于自己的辛苦工作之中，并不分析哪些进步是由于儿童的自然成长，哪些是由于教师的教育引导，哪些是由于幼儿的主观能动性，哪些是由于同伴关系的影响，哪些是由于家庭教育因素，等等。这种笼统的、偏爱成功的反思具有很强的主观性，还没有达到客观的专业反思状态。

4. 脱离实践型反思

每个教师都有生动丰富的实践活动，但是在反思的时候，为了体现"有思想""有理论"，有的教师就抛弃自己的实践，翻书查资料，东找一段话西找一段话，拼凑成一篇反思论文。

儿童的世界是游戏的世界，音乐游戏是儿童游戏世界一个充满欢笑、舒展舞姿、自我表演的快乐王国。常言道：游戏即快乐，音乐教育就是快乐教育。音乐游戏是融音乐与游戏为一体的艺术教育，是音乐教育中最易为儿童接受、喜爱、理解的一种综合性艺术形式，是培养儿童乐感和美感的一条有效途径。音乐游戏能使孩子们得到艺术美的陶冶，使幼小的心灵萌发感受美、表现美的情趣，从而使他们美的情操得到最初的升华。音乐游戏对于完善儿童审美心理结构，促进儿童身心和谐发展，培养全面高尚的人格有着极其深远的意义。

之后，该教师就从音乐游戏对幼儿"培养全面高尚的人格有着极其深远的意义"进行反思。但是对于自己做了哪些音乐游戏，怎样根据幼儿的需要设计和组织实施音乐游戏，幼儿在这些音乐游戏中的表现是什么，以及提升了幼儿的哪些经验等，教师都不加反思。这种脱离实践型的反思是把理论与实践分割为两个天地，导致教师学习理论的时候联系不上自己的实践，从事实践工作的时候联系不上理论，需要幼儿园对教师加强指导与培训。

5. 错误导向型反思

教师的教育行为有问题，反思时却作为有益的经验总结出来。更为严重的是，业务干部进一步肯定教师的错误行为与错误反思，这种反思的负面作用就可想而知了。

积木区是男孩子平时很喜欢玩的区域。今天豆豆和鹏鹏同时来到了积木区，豆豆拿起了一块红色的长方形的积木，开始搭建。鹏鹏选了一辆白色的小汽车，在积木区跑了起来，结果不小心把豆豆刚刚搭好的高楼给撞倒了，豆豆一下子坐在地上大哭起来。鹏鹏虽然闯了祸却还在兴致勃勃地玩，并没有向豆豆道歉。我对鹏鹏说："鹏鹏做错了事情，是要向小朋友道歉的。"鹏鹏站在那里低着头，没有和豆豆说"对不起"。我说："鹏鹏，你看豆豆哭得多伤心啊，你要对豆豆说什么？"但是鹏鹏还是站在原地不说"对不起"，于是我对鹏鹏说："你要和小朋友说'对不起'的。"鹏鹏这才抬起头对豆豆说"对不起"，就这样豆豆和鹏鹏解决了纠纷。但我很不理解的是，为什么鹏鹏在我两次提醒后都没有马上对豆豆说"对不起"，后来我明白在日常生活中，引导幼儿说礼貌用语的时候要直接说礼貌用词。托班幼儿处在学话的阶段，对语言的理解能力是有限的，因此教师要以清楚、简单的方式对幼儿进行教育和引导，这样幼儿也能明白如何去说了。

业务干部对此反思笔记的批注是："在幼儿日常生活中，注意抓住这样的时机对幼儿进行礼貌用语的理解和使用，效果好，有利于帮助幼儿加深理解并正确使用礼貌用语。"

幼儿之间出现矛盾，教师首先要晓之以理，引导幼儿观察对方的情绪与行为，理解自己的行为与对方情感之间的关系。但这位教师只是简单地、反复地强迫幼儿说"礼貌用词"，以为这样就能解决问题了，把幼儿的人际交往教育、规则教育和品德教育错误地归结为强迫幼儿模仿说话，不可思议的是，还受到业务干部的认可与鼓励。可见，幼儿园要帮助业务干部和教师改变专业知识陈旧的状况，用科学的教育观念武装思想，让反思走上正确的专业发展之路。

（二）明确教师的反思水平

目前教师的反思普遍存在停留于表面现象、反思不到位、抓不住关键点等问题，在此以一篇常见的反思笔记为例。

首先，很幸运我是一名幼儿园教师。

还记得刚参加工作的第一年，我带的是托班，孩子年龄比较小，自理能力弱，隔三差五就有尿裤子的，这边刚给一个孩子换完裤子，那边又有孩子尿了，真是头疼！于是，我们就把洗后的湿衣服装在孩子的书包里，请家长拿回家晾干，这成了我们班一条不成文的规定，即凡是尿裤子的幼儿下午放学都要背书包回家，其他不尿裤子的幼儿就不背。

我们班有个小姑娘叫佳佳，每天都尿裤子，我们和家长想尽一切办法都没用，每天下午放学时背书包的总有她。渐渐地，其他孩子都不怎么尿了，而佳佳还是依旧天天尿。后来我就跟她爸爸交流了一下，她的爸爸为此也是特别头疼，但是始终没有找到原因。不过，从中我了解到一点：孩子特别喜欢背书包。这句话突然让我想到了什么……

第二天，佳佳一来园，我就把她叫到身边，蹲下身来对她说："佳佳，你是不是特别喜欢背书包呀？"佳佳瞪着她那双亮亮的大眼睛望着我说："对呀，尿裤子才背书包呢！"我说："佳佳，咱们呀现在改了，尿裤子的小朋友不背书包，不尿裤子的小朋友才背书包呢！"佳佳听了之后，愣了一下，眨了眨她的大眼睛对我说："不尿裤子才背书包呢！"我点了点头。很快，一天过去了，佳佳奇迹般地没尿裤子。下午放学，我把书包背在佳佳的身上，对佳佳说："佳佳你真棒，今天没尿裤子，老师奖励你背书包！"佳佳高兴地背上了书包。爸爸看到背着书包的女儿，无奈地笑着说："老师，佳佳今天又尿裤子了吧！"我笑着摇摇头说："不，今天佳佳特别棒，没尿裤子，没尿裤子才背书包呢！"然后，我悄悄地把事情的真相告诉了佳佳爸爸。

从此，佳佳真的不尿裤子了！

事情虽小，但是让我从中得到了成功的满足，家长对我的信任与支持让我对这份工作有了更大的动力，同时更让我体会到了身为一名幼儿教师的骄傲！

这是一篇普通的反思笔记，无论是内容、字数还是反思点位在教师的反思中都很具代表性，即能敏感、详细地回忆和描述发生在日常保教工作中的教育事件，并感觉这件事情对自己很有意义。但是这则反思至少还有两个问题值得再度反思：第一个问题是，虽然教师从教育效果反思到改变背书包要求的方法矫正了幼儿尿裤子的行为，但是为什么这个方法能奏效，还是需要反思的。也就是说，教师需要进一步反思这一策略所遵循的科学规律，这样才能使人们认识到这个方法之所以奏效不是偶然的巧合，而是符合了教育的某一内在规律，是一种偶然中的必然；第二个问题是，教师反思这件事对自己的意义体现在案例的第一段和最后一段，均是泛泛地反思自己"成功的满足""骄傲"，等等，这种职业道德感和职业幸福感似乎可以通用到所有反思中。由此一来这些反思就成了同一水平的简单重复，缺乏对具体教育事件反思的针对性，从而失去了反思的经验重构意义。

调查和研究大量的教育反思笔记发现，幼儿教师的反思水平可以分为三个等级：现象水平的反思、理论水平的反思和实践水平的反思。

1. 现象水平的反思

这种反思，是指教师在回忆事件的发展过程中，复述教育策略的产生和发展过程，然后从幼儿的变化中反思教育策略的有效性，局限于就事论事。上述案例就属于现象水平的反思，只涉及幼儿尿裤子的问题，而且是某一个幼儿的尿裤子问题。该反思只是重现经验，还没有提升经验和重构经验。

2. 理论水平的反思

这种反思，是指教师在回忆事件和复述策略的基础上，追究教育策略是其所是的原因，即求证该策略产生效果的内在依据，寻找偶然事件所遵循的必然规律。上述案例的教育策略符合条件反射原理，即幼儿先是在背书包与愉悦心情之间建立了规律性的反应关系，接着教师把背书包与装湿裤子相结合为条件性刺激，共同作用于幼儿愉悦的心理反应，所以幼儿天天尿裤子。当教师重新建立背书包与不装湿裤子相结合的条件性刺激时，原先尿湿裤子的条件刺激出现抑制，所以幼儿就不尿裤子了。这种条件反射是幼儿的主要学习方式之一。如果教师反思到这一水平，就不只是重现教育经验，而是让教育经验得到提升。这样的话，教师也不只是关注策略的有效性，还会求证策略的合理性。

3. 实践水平的反思

这种反思，是指教师在重现经验和提升经验的基础上，在分别明确策略的有效性和策略的合理性基础上，进一步明确策略的指向性，即定位策略所指向的实践范围，这就是实践水平的反思。本例的策略及其符合的条件反射原理，不仅仅用于解决幼儿尿裤子的问题，而且对于塑造幼儿的其他行为及养成教育都有启发和指导意义。虽然幼儿具有主观能动性，但是幼儿的学习和行为习惯也符合高级神经活动的反射原理，行为习惯是随着刺激情境不断地重复而出现的反应，这就启发教师在日常保教工作中，注意观察和反思自己设置的教育情境与幼儿反应之间的关系。如果幼儿有良好的行为反应，说明教育情境是适宜的，否则，教师就要意识到教育情境是否适宜，这是教育反思需要特别注意的因素之一。如果上述案例反思到这一水平，教师的反思又回归了实践，而且教师的经验得到重构（使之上升到养成教育的高度），深化或者改变了原有的教育观念和知识结构，达到"温故而知新"的效果，最终在实践中实现举一反三。

由上可见，现象水平的反思、理论水平的反思和实践水平的反思在思维路径上是层层递进的，现象水平的反思是基础，理论水平的反思是关键，实践水平的反思是归宿。如果教师能清晰地给自己目前所处的反思水平定位，并明确进一步反思应该遵循的思维路径，就可以自我调整下一步的反思目标，不断地提高自己的反思水平。上述案例反思处于现象描述水平，教师还需要进一步将其提升到理论水平和实践水平。

（三）指导教师反思有方

目前，绝大部分教师都能达到现象水平的反思，还需要努力提高理论水平和实践水平的反思。为此，笔者提出如下建议。

1. 多种反思方式相结合，培养勤于思考的乐趣

"办有文化的幼教，做有思想的教师"已经成为现代幼教界人士达成的共识。幼儿教师不是看护幼儿的简单体力劳动者，而是遵循幼儿身心发育规律和幼教发展规律的专业化的教育工作者。这就要求幼儿教师不但要勤于动手，还要勤于动脑，培养思考的乐趣与习惯。但是在实际工作中，有的教师误认为反思就是写，而写就很累、很麻烦、很占用时间，实际上这只是书面反思。反思的方式是多种多样的，分为想象反思、口头反思和书面反思。教师平时工作比较忙、比较琐碎，但是思考可以见缝插针、无孔不入，这是所有人都具备的大脑高级功能。平常发生的很多事情都可以像过电影一样在大脑里放映，然后记下几个关键词，为以后提供回忆线索，这就是轻松的想象反思。在同事交流和教研活动中，教师积极主动地表达自己的反思，把大脑中储存的信息用口头方式提取出来，而且在表述过程中，大脑还会对经验进行梳理和思考，这就是方便的口头反思。经过想象反思和口头反思，严谨的书面反思就不再是无源之水、无本之木，一个处处留心的教师是不会觉得书面反思无从下笔的。

2. 多问几个为什么，对熟悉的事件进行陌生化处理

新颖、奇怪、特别的事件容易引起人的反思，熟悉、普通、平凡的事件不容易引起人的反思，这是因为人们对后者容易想当然，觉得它就是如此、一直如此、本来如此，没什么"大惊小怪"的，所以不需要反思。但是如果问一问为什么这件事就是如此、一直如此，怎样证明这件事本来如此，就会发现原本很熟悉的事物突然变得陌生起来，自己可能说不出充足的理由。正如上述案例，教师改变背书包的要求就改变了幼儿尿裤子的行为，但是为什么会产生这种效果？如果说不出理由，就会刺激反思活动。所以，幼儿教师多问几个为什么，对熟悉的事件进行陌生化处理，会激发反思的动力，也为反思提供了一个具体的思维线索。

3. 利用网络搜索功能，寻找理论反思的关键词

从现象水平的反思到理论水平的反思，对幼儿教师来说是一个挑战。这个教育现象到底符合什么教育规律呢？教师可能一时无法确定。那么教师可

以利用网络的搜索功能,把自己想到的几个相关关键词逐一输入到搜索引擎,看看网络提供的信息能否对自己的理论反思有启发。然后再顺藤摸瓜,抓住关键信息,排除不相关信息。值得注意的是,网络信息良莠不齐,教师需要辨别真伪,利用关键词搜索并非为求答案,但求思路打开。

4.加强学习和同伴互助,多视角开拓思路

朱熹有句名言:"问渠哪得清如许,唯有源头活水来。"反思也有殚思竭虑的时候,因为人们未必任何时候、对任何事情都才思敏捷,所以反思需要"源头活水"的补充。读书学习和同伴互助是反思必不可少的两汪泉水。"学而不思则罔,思而不学则殆。"提高反思水平需要持续不断的学思结合过程,比如上述案例的理论反思,教师很有可能一时想不到条件反射,但是只要对这件事采取陌生化的处理,保持"为什么"的疑问,带着疑问读书学习,有时候就能受到启发而茅塞顿开,这就是说灵感会光顾有思想准备的人。同伴交流和研讨也能起到互助启发的作用,比如上述案例使人想到的关键词可能有"尿裤子""背书包""自理能力""行为习惯""养成教育""条件反射"等,每个人的视角不同,想到的关键词不同,反思的角度也就不同,开放的同伴交流能够促进反思。

5.加强行动研究,不断提高反思的实践水平

提高反思水平的目的是提高实践能力,所以要所思为所用。教师要明确自己所反思的教育现象与教育规律对自己的实践有什么指导意义,明确自己的教育策略所适用的实践范围是什么,并在动态的教育生活中加强行动研究,边思考边实践,把现象观察、理论反思和实践指导有机地结合起来,追求既合目的性又合规律性的教育实践。

总之,反思是理论联系实践的桥梁,它能把教师"无意识"的行为和方法唤醒到"有意识"的思维状态,从小故事中发现大道理,把"普通"的事件提升为"经典"的事例,这必将极大地促进教师的专业发展。

(四)广开反思的源泉与途径

反思中的教师不是孤独的思考者,不是"托着腮帮子冥思苦想"或者

"抓耳挠腮"。其实，思想是最自由、最不受限制的，反思可以无处不在，引发反思的源泉和途径有很多。业务管理者一方面要鼓励教师主动思考，另一方面要为教师创造容易激发反思的机会，点燃教师思维的火花，让反思活跃起来。

1. 从自己的经历中反思

自己的经历是最大的反思源泉，是最宝贵的人生资源。但是这些资源有的处于活跃状态，有的处于沉睡状态，有的处于遗忘状态。沉睡的和遗忘的，就是被闲置与浪费的，唯有经过反思与实践，激活它们的生命力，教师才能将其变成为己所用，乃至终生受用的教育资源。

最近一个月，我班在进行"我是情绪的小主人"主题教育活动。我给小朋友讲了很多有关情绪的小故事，其中一节课还在幼儿园对外接待活动中承担了教研观摩任务。主题教育活动结束两周之后，一位妈妈在微信朋友圈里说她的儿子在家里玩的时候撞着桌子腿了，小的时候他会哭、会说疼，谁知这次她的儿子说："桌子是想和我交朋友。"儿子会这么想，会说出这么有水平的话，这位妈妈很惊讶。很多家长朋友看到后点赞。我知道这是源于我给孩子们讲过的一个故事——《好心情》。故事中一只小鸟拉屎拉在蓬蓬的新运动衫上，蓬蓬乐哈哈地说："小鸟是想和我说话，它们一高兴就把便便掉在我身上了。"这个孩子对蓬蓬遇事乐观的态度牢记于心，并在遇事时运用这种方法调整自己的认识、态度与情绪。

我看到家长的微信后，很高兴也很惭愧。为了在对外接待中显现好效果，我采取了分组教学，这个孩子和其他上课发言不积极的孩子，都被我"分走"了。可事实上，这个孩子真正出现了"好效果"，我为自己在分组中对孩子的歧视和急功近利地追求表面上的"好效果"而惭愧不已。这件事给我上了深刻的一课：有的孩子上课不积极发言，不等于他没有认真听讲，而且幼儿的学习效果本来就具有延时性，这就是幼儿的学习特点。我不能再因此而剥夺幼儿的学习机会，在实践中要真正做到尊重幼儿的个体差异，平等对待每个幼儿。

2. 从同事的交流中反思

同事的交流是最活跃的反思源泉。教师之间"七嘴八舌"地献计献策，犹如智慧的源泉，有助于教师进一步思考，从而设计出更好的教育方案，激发出更好的教育策略。

我的"嘿！手机"主题教育获得巨大成功，不但幼儿很喜欢、很投入，家长也了解了针对手机的教育内容与教育方法，我还三次代表幼儿园对外做优秀案例交流与展示，受到参会领导和老师的一致称赞。其实，这要归功于团队合作。当我发现幼儿特别爱玩手机而萌发主题教育想法的时候，于老师和程老师给予了很大的支持。我们一起进行头脑风暴，罗列手机涉及的幼儿相关经验，比如各种品牌的手机、各种样式的手机、手机上的数字、手机的历史、手机上的游戏、手机使用时的安全注意事项等。我们将所有罗列的手机知识进行分类，确定了四个单元——"各种各样的手机""手机的用处""爱玩手机"和"安全用手机"。

主题活动网络初步确定后，教研组长建议主题单元名称、目标要倾向于小班幼儿的语言与思维特点，尤其是"爱玩手机"这一提法具有暗示、提倡幼儿玩手机的倾向，建议名称改为"手机游戏多"。另外，"手机的用处"改为"手机用处大"，"安全用手机"改为"手机安全我知道"。在教育活动与区域活动开展方面，也提示我们要充分挖掘手机的教育价值。比如可以在益智区、美工区、娃娃家设计一些有关手机的游戏。于是，我们三位老师又重新进行主题网络图的修改。

主题活动开展一周后，我带着"新主题如何发挥教育价值"的疑问请教了园长。之后，我的主题活动单元又有了一些变化，新的单元是"手机大家庭""手机用处大""我会用手机说话""我会安全用手机"。其中，变化最大的是"手机游戏多"单元改为"我会用手机说话"，这是因为从逻辑上来说，手机游戏属于"手机用处大"单元，而且单独将游戏作为一个单元，还是有暗示幼儿玩手机游戏的倾向。三四岁是幼儿口语表达能力发展的关键期，也是幼儿从对话语到独白语转化发展的时期，而且手机语言兼备对话语和独白语的特点，适合并有助于促进小班幼儿的语言发展，"我会用手机说话"的用意即在此。

　　我又提出能不能向幼儿介绍"手机的历史",其中包括手机之父、一代、二代、三代手机的特点等。园长提示手机历史的知识更适合大班幼儿的认知特点,小班幼儿对手机的历史知识不能理解,但可以用贴合他们生活经验的方式向他们渗透手机的历史。比如把"手机历史的发展"形象地比喻为手机大家庭,选取有代表性的三代手机,以手机爷爷、手机爸爸、手机的兄弟姐妹的形式寓意手机的主要发展历程,这样既利于幼儿理解,又丰富了幼儿的知识经验。此外,在安全用手机方面有很多的内容,是全部给幼儿,还是有选择地给幼儿呢?园长建议可以帮助幼儿了解不能摔坏或用水浸泡手机,不能在雷电天气接打电话,不能在加油站接电话,等等。

　　在园长的建议下,我又对主题活动进行了修改,新的主题单元更新为"手机大家庭""手机用处大""我会用手机说话""我会安全用手机"。单元活动的内容也相应地进行了一些调整。比如我把三代手机的图片做成了PPT《手机大家庭》,让幼儿更直观地感受手机的变化;我又对安全使用手机的内容进行了一些筛选。

　　调整后的主题活动提升了主题教育价值,尤其是"手机大家庭""我会用手机说话"这两个单元,注重了幼儿的语言发展,更适应小班幼儿处于语言发展关键期的特点,帮助幼儿学习口齿清楚地表达,会使用礼貌用语,会说简单的完整句等,更符合小班幼儿的年龄特点与发展目标。

　　这则反思反映了"同伴互助"对教师专业发展的意义,不仅可以让执教教师感受到专业团队对自己专业发展的积极意义,也可以通过园本培训让其他教师分享个人专业发展与同伴互动、团队合作的关系,鼓励教师以谦虚好学的态度,主动寻求专业支持,在团队中获得更大的专业力量。

3. 从幼儿的行为中反思

　　幼儿的行为是教师反思的出发点与归宿,教师的反思要基于幼儿、为了幼儿,时刻都应围绕着幼儿的发展进行反思。幼儿是一本百读不厌的书,是一本常读常新的书,最能触动教师反思的神经末梢。

小朋友们在幼儿园吃早饭的时候，我发现地上有一个只咬了一口的花卷，这很正常，我收拾干净就指导区域活动了。后来有一天，我在瑞瑞的衣柜里发现了一个花卷，问他怎么回事，他说自己早上没吃完，不能浪费粮食，要拿回家里吃，我表扬了瑞瑞。第二天，我发现花卷还在瑞瑞的柜子里，瑞瑞解释说妈妈不让拿。一周过去之后，又到了吃花卷的那一天，我在瑞瑞的桌子底下发现了一个花卷，他说掉在地上了，捡起来就要吃，我说已经脏了，算了，不吃了。接下来的几周，我发现只要到了吃花卷的时间，瑞瑞的花卷就掉在地上，我一下子明白了瑞瑞的所有言语与行为，但是我没有直接"揭穿"他，而是说："好吧，老师再给你一个干净的花卷，如果再掉了，老师就再给你一个。"从此以后，瑞瑞的花卷再也没有掉在地上。

这个花卷的故事持续了将近一个月，我才发现其中的"秘密"。瑞瑞是一个特别聪明、心眼较多的孩子，小班许多孩子都不及他。瑞瑞的这种情况就是心理学上所说的"心理理论"，说明孩子对自己和别人的情感、态度和动机都有较强的体察和理解能力，并由此预测别人可能采取的行为，这是孩子与他人沟通交往的智力基础。对此，我们需要有一个正确的认识和教育态度，既不能当面批评瑞瑞撒谎而伤害他的自尊心，也不能当作有趣的故事传来传去，让孩子觉得自己的小聪明颇受欣赏，这样会影响孩子的诚实品质培养。

4. 从专业的引领中反思

专业引领是最到位的反思源泉。幼儿园的专业引领者最了解教师，指导教师的点位与教师的需求几乎是零距离，同时也最擅长通过换位思考与教师进行专业沟通与指导，所以，业务干部的专业引领应该成为激发教师专业反思的重要源泉。

某园一位中班教师见到园长兴奋地说，她成功地运用了园长曾经做过的一次培训内容，使自己面临问题时，有了新的认识并采取了新的方法。

事情是这样的：早上，一位妈妈主动对这位老师说，孩子昨天回家之后不高兴，他说是因为老师不让自己吃虾。这位老师说如果是以前，她听到家长这么说不仅会立即解释自己没有不让孩子吃虾，还会叫来其他两位教师甚至是小朋友,以证明昨天这个孩子吃虾了,没有发生老师不让吃虾的事情。"但是这一次我没有在吃不吃虾上与家长较劲、与孩子较劲,我笑了笑,对家长进行了耐心的解释:'昨天午餐是有大虾,孩子们都特别爱吃,您的孩子也吃得很香。吃完之后他说还想吃,我说已经没有虾了,您儿子说大盘子里还有,我说有一个小朋友在户外还没有回来,这是他的虾,你不能吃他的虾。您儿子就不说话了。我以为这件事就这样过去了,没想到孩子误会了。'"家长听了之后说:"哦,是这样啊,以后我经常给他做大虾吃就行了。"

5. 从理论的学习中反思

理论学习是最深刻的反思源泉。很多教师都有这样的体会:在苦闷彷徨的时候如果遇到一本合适的书,就会给自己带来具有决定意义的转变。

某教师工作十年之后,参加了在职进修本科课程。要写毕业论文的时候,她准备写自己比较熟悉的游戏活动,于是认真阅读了《儿童游戏通论》这本书。这么厚的一本专业理论书籍,以前她是不会看的,现在因为要写论文,更因为自己已经工作十年,曾经自认为是"孩子王",组织游戏活动不在话下,现在看了书才知道自己在游戏理论方面所知尚浅。她花了一学期的时间读这一本书,读得心潮澎湃。她惊讶于自己的很多做法已经达到理论描述的完美状态,又发现自己按照书上的理论再去尝试,可以把游戏活动做得更有水平。就是因为把这本书读透了,她不但完成了毕业论文,而且平时设计和反思游戏活动的时候,还从这本书中获得了许多灵感。她认为这本书推动着也是伴随着自己走上骨干教师的道路。

从这位教师的反思可见,一本书对某个人有意义或者无意义,犹如一份可遇而不可求的缘分。一个有需求的教师偶遇一本能满足需求的书,这本书就像一座灯塔,点亮了教师的专业发展之路。因此,边实践边思考边读书,会创造很多"偶遇",帮助教师在专业发展之路上"华丽转身"。

可见,有的幼儿园经常组织教师开展"我读一本书"的园本培训活动是非常有意义的,这是在为教师的专业成长创造"蓄势待发"的机会。

（五）扩大反思的受益范围

同样是反思，教师们呈现出来的反思状态有很大的差异：有的人勤于反思，有的人懒于反思；有的人反思清晰有条理，有的人反思零散杂乱，没有逻辑性；有的人反思主要是个人受益，有的人反思还能引发别人反思，甚至使人茅塞顿开，深受启发。对于最后两种状态的反思，幼儿园最希望看到的是后者，因此应该进一步创造机会、搭建平台，培养这样的老师成为园本培训骨干，壮大幼儿园自己的培训者队伍。根据反思的受益范围，可以把反思分为以下三类。

1. 个人受益的反思

个人受益的反思主要体现为教师有所反思，但是仅存于内心，没有表达出来，别人无从得知，也就无从受益。造成这种现象主要有两个原因：一是教师性格内向，不善言辞；二是幼儿园为教师之间进行专业沟通与交流所创设的机会不充分。个人受益的反思还有一种情况是，教师比较健谈，幼儿园也经常组织教师交流研讨，但由于教师的反思属于现象水平的反思，别人受益较小。比如，如果教师的反思只是讲了一个故事，自己从中受益的仅仅是"身为一名幼儿教师的骄傲"，那么别人听到的也只是一个故事，若不深入思考就无所受益了。可见，个人受益的反思是个性化的、隐性的、表面的，需要深入到专业思维才有可能发挥反思对教师专业发展的促进作用。

2. 同伴受益的反思

同伴受益的反思需要以同伴互助和专业引领为基础。在教师的交流研讨活动中，个人受益的反思经由专业点拨，引发教师深入思考，受益的范围就扩大了，这是园本教研经常出现的情况。

3. 普遍受益的反思

同伴受益的反思主要出现在以口头交流为主的小范围的研讨会或者座谈会上，普遍受益的反思则出现在专题讲座、大型培训或者发表在公开出版发行的报纸、杂志、著作之中，受众群体很大。这种反思具有专业内涵，富有启发性，受到普遍认可。幼儿园要善于在同伴互助的氛围中发现善于深入思考的教师，并帮助她们进一步提炼和梳理，提高教师专业反思的普适性，然后搭建园本培训平台，让更多的教师有机会分享与受益。

五、基于保育员的培训

保育员也被称为生活老师，是幼儿园的必备岗位之一，在保教结合工作中担任着卫生、保健、保育、教育等多种重要角色，是对幼儿的身心健康、生活健康和性格、个性均能产生深刻影响的专业教育工作者。保育员是幼儿园非常重要的一支队伍，但是目前大多数幼儿园的保育员队伍都比较年轻，而且流动性很强，因此，幼儿园需要频繁地招聘保育员，需要频繁地培训保育员的工作能力与教育意识。

（一）培养保育员的归属感

保育员的工作内容非常细致，涉及卫生、消毒、清洁、整理、保管、照顾幼儿、配合教师等多方面的职责。为了促进保育员在工作中尽职尽责，幼儿园一方面需要建立完善的规章管理制度，另一方面还要根据保育员队伍的特点，营造有助于激发内在动力的工作氛围。

"两教一保"是大多数幼儿园班级的"标配"，只是保育员的来源不同，有的保育员来自保育学校，有的保育员来自师范院校，刚毕业的她们可能还存在角色意识的转换问题。她们上学期间无忧无虑、自由自在，在家里也是被父母宠爱的独生子女，身上的"学生气"和"孩子气"还很浓，到了幼儿园成为"老师""同事"，自己都未必适应过来，更不用说适应幼儿园同事和业务管理者了。于是，经常听到有管理者或者老教师抱怨："现在的'90'后真是娇生惯养，什么都不会干，眼里没活儿，懒散，缺乏责任心……"其实，不仅是"90"后，任何一届新毕业生都有一个逐渐适应工作岗位要求的过程，新人最需要的是理解、接纳和培养，而人们总是习惯于给新人"贴标签"，这会增加新人的心理负担，影响她们对新工作的适应和新集体的归属感。因此，业务管理者首先要消除成见，并引导全体教师热情地接纳新人，帮助她们尽快地适应新岗位和新集体。

　　来自外地的保育员对归属感的需求更加强烈，她们不但需要适应新岗位，还需要适应新的生活环境。她们遇到的困难更多，更需要理解与帮助。其他教师可能无心问一句："你是外地的吧？"或者有家长询问："你不是本地人吧？"甚至有小朋友问："你说话怎么跟我们不一样呀？"这些都可能会让她们产生莫名的孤独感。因此，幼儿园要体察来自五湖四海的新保育员的心理感受，引导全体教师营造和谐的人际关系，在细节上尊重她们、帮助她们，让她们感受到温暖与自信。这些小小的举动都将给她们带来很大的鼓励，帮助她们早日适应新环境，在新集体中找到归属感。

　　某幼儿园新来了一批保育员，加上去年和前年招聘的保育员，三年以内工龄的新人占了60%。幼儿园虽然为她们安排了集体宿舍，但由于她们年轻，与人交往经验有限，住宿舍的保育员出现小团体现象，不利于营造和谐、团结的人际氛围。还有的保育员晚间回来过晚，不但自己的安全令人担忧，而且影响他人夜间休息。幼儿园针对这些现象进行了研讨，觉得只对她们在管理上提硬性要求是不够的，还得加强关怀与引导。于是，幼儿园成立了一个"保育之家"，从生活、学习和工作上关心大家，为保育员营造一个温暖的成长家园。园领导担任"保育之家"主任，大家又推选了一个宿舍长当副主任。幼儿园为宿舍配置了大电视，供保育员晚间收看节目；还为大家买了一些流行的、清新的、健康的书籍，开展每月共读一本书交流活动，主持人在每次交流前后一段时间会询问大家有没有什么困难与需求，尽量为大家提供支持与帮助。如果上映了比较好看的电影，幼儿园也会组织保育员一起看。此外，幼儿园还关心大家是不是经常给家人打电话、发短信，询问保育员家人的身体状况，目的是敦促大家关心家庭、关心老人。一个保育员的妈妈给园领导打电话说："感谢幼儿园对孩子的教育，以前孩子都不爱跟家里人说话，现在长大了懂事多了，知道问寒问暖，家里人很放心，希望孩子好好工作。"

　　经验证明，幼儿园经常组织一些有益身心的文体活动，如"三八"妇女节组织大家爬山，教师节一起K歌，新年组织大家自己动手在幼儿园聚餐，春季开展教职工运动会,秋季组织秋游活动等,让保育员与老师一起充分地娱乐和交流,感受到蓬勃向上的精神氛围和温暖、快乐、和谐的集体生活,而人一旦有了愉快的心情,喜欢一个良好的工作氛围,自然就愿意发挥工作的积极性,如此一来幼儿园保育和教育工作质量都会得到不断的提高。

(二)激发保育员的职业成就感

归属感除了体现在从陌生到熟悉这种外在适应以外,还体现在经过一段时间的工作所获得的价值感和成就感。这种内在的归属感一旦形成之后,就会使人产生强烈的责任感和自我驱动力。目前存在的问题是,保育工作的重要性很受认可,可是保育员却得不到相应的尊重。受社会偏见的不良影响,有的保育员也认为自己只是"卫生员""服务员""清洁工"而已,做的都是"放下扫把,拿起拖把"的简单体力劳动,工作很忙很累,却缺乏职业成就感。为了从根本上调动人的工作积极性,幼儿园需要尊重每个人都有自我实现的心理需求,激发保育员的职业成就感。

某幼儿园小班新学期准备实施有关"幼儿分离焦虑"方面的园本教研。这次与以往不同的是,小班教研组长把保育员也纳入园本教研工作之中。在正式研究之前,小班保育员与教师一起参加了教研组的集体学习活动,一起温习"幼儿分离焦虑"方面的专业知识和最新研究成果。理论学习预热之后,教研组为教师和保育员布置了不同的教研任务,教师主要负责缓解幼儿分离焦虑的综合策略实践与研究,保育员主要负责缓解幼儿分离焦虑的"微案例"研究,以此指导保育员观察和总结自己工作中解决实际问题的小事例,供大家学习与交流。

一位保育员用500多字写了两个生活环节的"微案例":

微案例一

为了保证孩子们在园的安全,随手关门已成了我们的习惯。开学初,我刚把门关上,越越就哭着说:"不关门!"正在活动的其他孩子也停了下来,围过来跟着哭。我一边安慰孩子们,一边把门打开。我想研究一下为什么孩子们害怕关门。我一边与越越玩儿,一边问他:"为什么不让老师关门?"越越用手指着门说:"妈妈!"我恍然大悟,原来在他眼里门关了妈妈就进不来了,就不能接他回家了。以后在迎接来园的孩子时,我就不再先关门,而是特别留意孩子们的活动范围,当孩子们玩得投入时,再悄悄地关上门。

微案例二

吃过午饭后,我便请孩子们取出自己喜欢的玩具,坐在小椅子上玩儿。我突发奇想:可以让他们哄娃娃睡觉呀,这样可以激发孩子们在园午睡的愿望,缓解他们午睡时想家的焦虑。于是,我给每个幼儿一个娃娃。我一边唱歌,一边哄娃娃睡觉,假装发出呼噜呼噜的声音,然后轻轻地问孩子们:"听,呼噜呼噜是什么声音?让我们一起去找找看。"孩子们跟着我走到了小床边,我对孩子们说:"呼噜呼噜,小猫睡着了。呼噜呼噜,小狗睡着了。呼噜呼噜,小猪也睡着了。还有好多小动物都睡着了。"盼盼小朋友说:"我也想睡觉。"我说:"那好吧,我们和娃娃、小动物们一起睡觉。"通过这个小活动,平时不愿意午睡的小朋友也抱着自己的"娃娃"上了床。在轻柔的摇篮曲中,孩子们渐渐都睡着了。

教师和保育员都针对这两个"微案例"进行了研讨,充分肯定了其中的教育理念和教育价值。保育员从中获得很大的鼓舞,职业成就感油然而生。

(三)指导保育员解读幼儿的心理需求

保育员对幼儿的身体照顾和生活关照比较多,为幼儿的安全、健康以及基本生理需求做了大量有益的工作,但是由于园本培训的缺失,很多保育员"只会埋头搞卫生,不会抬头看孩子",规规矩矩按照流程完成工作任务,却不会观察与思考幼儿的需求。在学期保育工作总结的时候,不少保育员都是千篇一律地从"不怕脏,不怕累,不怕辛苦"的角度,"坦白"自己的工作态度,鲜有保育员从儿童成长的角度来回顾自己工作的价值。其实,现代保育观与现代教育观的发展是同步的,因此,幼儿园还要引领保育员更新传统保育观,学习从幼儿心理发展的角度观察幼儿,把保育工作建立在正确解读幼儿心理需求的基础上,提高保育工作的专业价值。

由于保育员心理学基础薄弱,幼儿园要采取与班级教师不同的培训方式,使培训内容易于被保育员接受。幼儿园可以把幼儿的年龄特点和个性特点分解为若干关键概念，尝试一个学期一个小专题的方式，以案例交流带动保育员对关键概念的理解与思考，并鼓励她们在实践中继续探索与反思。

某园第一和第二学期分别培训了一个关键概念，保育员根据自己的理解做了案例的解读与反思。

第一学期

"以游戏为基本活动"是《纲要》的基本要求，对于保育员来说可以转化为"生活指导游戏化"，要体现在日常生活中。比如幼儿入园已经一个多月了，情绪已逐步稳定。可是，他们在进餐方面还存在挑食的现象。天天喝汤时发现有虾皮就不喝了。于是，我轻轻地走过去，蹲下来对他说："嚼一嚼小虾，咽下去可香了。"他也学着我念叨着却不往下咽。我凑近天天的小嘴边，边听边假装说："我听你嘴里的小虾说它要渴死了。快咽下去，让它在你的肚子里游泳吧！"天天学着我的话边说边把虾皮咽了下去。我马上鼓励他："小虾现在不渴了，正在你的肚子里游泳呢！它说谢谢天天。"天天听了高兴地笑了，还说："这样小虾不会渴死了吧？"我说："不会了，是天天帮助了小虾。"现在每当喝虾皮汤时，"小虾游泳"就成了天天的一个游戏。

第二学期

"树立正确的健康观念，在重视幼儿身体健康的同时，要高度重视幼儿的心理健康"也是《纲要》的基本要求，保育工作也要经常体现这一点。比如午点吃橘子时，我发现小方把橘子瓣放进嘴里嚼了嚼，又吐到桌子上。我问她："你把橘子吐在桌子上，一会儿我们在哪儿画画呀？"她不说话也不看我。我意识到自己的话让她心里紧张了，马上改口说："你是怕橘子黏手吧？没关系，把手洗一洗就不黏了，没准还会有股好闻的橘子味呢！来，我们把桌上的橘子瓣扔到垃圾桶里好不好？"听我这么一说，小方站起身把橘子瓣扔到垃圾桶里。回来后，她还高兴地让我闻一闻她手上的橘子味道。幼儿把不喜欢吃的食物吐在桌子上，或者不小心把汤洒在桌子上，是教师常会遇到的问题。面对这样的问题，教师首先要给幼儿一个宽松的心理环境，不要让幼儿觉得这是一件十分麻烦的事情。教师可以先尝试鼓励幼儿自己寻找解决的办法，如果幼儿为难，就需要教师调动幼儿的积极性，不要让幼儿在还没有学会做事之前就"怕"字当头。

（四）传授保育工作的程序性知识

《规程》指出保育员的主要职责是："负责本班房舍、设备、环境的清洁卫生和消毒工作；在教师的指导下，照料和管理幼儿的生活，并配合本班教师组织教育活动；在卫生保健人员和本班教师的指导下，严格执行幼儿园安全、卫生保健制度；妥善保管幼儿的衣物和本班的设备、用具。"在实际工作中，幼儿园会把这四项主要职责进一步细化为更多的条目，以提高保育工作的可操作性。对于保育员来说，提高工作效率特别需要两个基本规范：一个是执行规范的保育工作内容，另一个是掌握规范的保育工作方法。

"规范的保育工作内容"主要体现为规范的一日工作流程。由于幼儿一日生活在每个时间段的安排不同，保育员的工作内容随之也会不同，而且保育工作非常细致、零碎，所以幼儿园要为保育员制订一日工作流程，使之像备忘录一样提醒保育员在每个时间段应该及时完成的工作。很多幼儿园都会采取表格的形式，以简明扼要的语言表述保育工作在每个时间段的核心内容。与此同时，还有一系列规范的保育工作内容及其基本要求，比如物品清洗、物品消毒、物品存放、儿童体温检测、儿童服药登记、儿童餐具取放以及被褥、衣物的整理，等等。其中，仅物品清洗还要细分擦嘴巾、擦手巾、抹布、餐具、水杯、水果、玩具、桌子、椅子、水壶、水箱，等等，不同的物品清洗方法不同、清洗时间不同。以上这些全部都要一一到位，才能确保工作规范。

"规范的保育工作方法"属于程序性知识。幼儿园不可能把工作行为分解为一个一个的动作来告诉保育员，或者写在保育工作手册上。事实上，保育员又必须掌握这些程序性知识，才能确保自己的工作操作到位。所以，规范的保育工作方法是园本培训的重点。

某幼儿园非常重视保育员培训工作，以前总是由保教主任讲解保育员工作职责，或者由保健医生向保育员反馈和总结卫生检查结果，虽然针对性也很强，但是保育员的很多工作还是做不到位。幼儿园接下来采取了"发现什么就指导什么"的及时培训方法，这样的培训工作取得一些成效，但是存在头痛医头、脚痛医脚、培训工作零碎的问题。于是，幼儿园进一步改善工作方法，开始利用多媒体手段，提高保育员培训效率。幼儿园选择若干保育员骨干，手把手地指导她们做好每一项工作，并制作成视频，配上相应的文字与解读，整理完善之后播放给全体保育员观看，然后引导保育员反思自我，交流工作经验。具体形象的培训手段解决了程序性知识难以说得清道得明的尴尬，让保育员一看就明白，研讨之后记得更清楚，而且这些视频作为园本培训教材可以反复使用。当工作环境和工作要求有变化时，幼儿园可以重新调整工作方法，再重新录制给保育员观看。

（五）提高保育员的园本教研能力

在很多幼儿园，园本教研是教师的专利，保育员很少参与园本教研活动。这是人们在思想意识上"重教轻保"的重要体现。很多人在潜意识里认为保育员学历低，体力劳动量大，而且主要承担清洁、服务之类的工作，没有多少专业性，只要干活认真踏实就行了。其实这种想法至少存在三个误区，其一就是忽视了保育工作的专业性。保育工作的理论基础是幼儿卫生学、幼儿教育学、幼儿心理学，忽视"三学"，保育工作就失去了科学性；其二就是忽视了教师专业发展的规律。苏霍姆林斯基说过，如果想让教师的劳动能够给教师带来乐趣，那就应当引导每一位教师走上从事教育科研这条幸福的道路上来。教师从事研究所改变的不仅仅是教育实践，还改变了工作方式与思维方式，从而获得理论的升华和情感的愉悦，为教师的专业发展提升精神境界和思维品质；其三就是忽视了园本教研的目的。园本教研的目的就是促进教师专业发展，提升幼儿园教育质量。园本教研的起点具有因人而异的特点，就像当初教师的起点在哪里，园本教研的起点就从哪里开始一样，现在保育员的起点在哪里，园本教研的起点就从哪里开始，可见，没有做不了的园本教研。幼儿园已经积累了教师的园本教研经验，保育员的园本教研将会开展得更加顺利、更有实效。

某幼儿园受教师园本教研工作的启发，决定成立保育员教研组，定期对保育员加强学习、交流、观摩与研讨，以提升保育员的教研意识与专业能力。最初，保育员感到很新奇，也很胆怯，在教研组会上不敢发言。幼儿园又想了一个办法，把保育员的某一个工作环节录制下来，供保育员边看边研讨，有了视频做"抓手"，保育员就有话可说了。教研组长引导保育员交流这一环节的重要性和具体做法，虽然大家都明白，但以前是"心知肚明"，现在需要组织语言、大胆表达并相互补充，这对保育员来说是锻炼，也是进步。持续一个学期之后，保育员教研骨干也凸显出来了。在年终总结会上，保育员深有感触地说，以前保育员整天都得干活，几乎没有学习的机会，更不用说做研究了。现在幼儿园成立了保育员教研组，感觉自己也像班级教师一样有专业有自信，干工作的劲头比以前大多了。可见，保育员教研组突出了保育员的专业性，增强了保育员的专业自信心、内在价值感和成就感。

（六）15个字培养"保中有教"的工作能力

幼儿园教育的基本原则是实行保育与教育相结合，因此，保教结合的质量是反映幼儿园教育质量的一个重要方面，这就要求教师和保育员都能理解和贯彻幼儿园教育的基本原则，主动、高效地实施保教结合，最终确保实现幼儿园保育与教育的基本目标，促进幼儿身心和谐地发展。

《规程》规定，保育员的主要职责之一是"配合本班教师组织教育活动"。随着《纲要》的深入学习与贯彻实施，幼儿园教师的教育观念与教育行为都得到很大提高，保育员也有相应的提高。但是由于保育员从业的起点比较低，她们理解与实施先进幼教观念的水平相对滞后，所以她们在配合本班教师组织教育活动的时候，经常会出现一些不适宜的指导态度、语言和行为，这在客观上影响了保教结合的质量。所以，提高保育员配合教育活动的水平成为提高幼儿园保教质量和师资队伍水平不可忽视的一个重要方面。

根据日常观察和问卷调查发现，现在的保育员与以往相比，在理论水平和技能技巧等基本素质上都有很大提高，绝大多数保育员都能认识到自己也是教育工作者，不仅要负责班级环境的清洁卫生工作和幼儿的生活照顾工作，还应配合本班教师组织室内外的教育活动，比如了解教育计划、参与环境创设、帮助制作玩教具、协助指导个别幼儿，等等。她们对一些先进的幼教思想也耳熟能详，比如教育要尊重幼儿的兴趣与需要，幼儿的健康不仅指身体健康还有心理健康，教育要符合幼儿的年龄特点等，保育员在观念上能够认识到这些，为实行保教结合打下了良好的思想基础。但是保育员还需要锻炼出与教育观念相符合的教育态度、语言与行为，才能真正实现优质的保教结合。

在日常指导幼儿的保教工作中，保育员容易出现的问题是过于热情和主动，从而使教育转变为包办代替。比如，一个幼儿在美工活动中需要使用胶带，但总是粘不好，就向保育员求助。首先值得肯定的是保育员应答了幼儿的求助，但是她什么也不说，迅速替幼儿用胶带粘好了材料，而没有想到在一定的语言指导或者动作示范下，给幼儿留出自己学习、独立做事的发展空间，这种包办代替的教育方式是现代幼儿教育不提倡的。可见，保育员仅有保教配合的观念和主动性还是不够的，还要提高她们"保中有教"的实操水平，把先进的幼教思想真正落在实处。

由于保育员的学历水平有限，对她们的理论指导应该简洁易懂、记忆方便，语言和行为指导应该具有较强的操作性，这样的培训才更容易产生实效。以下15个字共5种方式都有助于提高保育员的保教结合水平。

1. 蹲下来

现代幼教提倡与幼儿平等沟通，教师要学会站在与幼儿平行的角度观察和理解周围的事物，这是走进童心世界的第一步。蹲下来与幼儿交流，改变了幼儿仰视成人、成人俯视幼儿的不平等的物理空间，从外在姿态上保证了教师与幼儿之间的平等交流。当然，平等沟通的含义非常丰富，不仅是外在姿态上的表现，更是对幼儿年龄和心理特点的认识与体察，达到与幼儿真正意义上的心灵交流，但是幼儿园不宜对保育员直接提出这么高的要求。幼儿园可以先要求她们能蹲下来与幼儿交流，这是容易理解和操作的。这种行为姿态也有利于敦促她们时时提醒自己要先了解和倾听幼儿的想法，学会与幼儿商量和讨论，再提供适宜的教育帮助，为她们进一步更新观念、提高教育能力提供"把手"。

2. 慢半拍

幼儿的生活经验和学习能力都在发展之中，他们会遇到这样那样的疑惑和困难，这时候向老师求助是幼儿寻求解决办法的主要策略之一。保育员积极应答和主动帮助幼儿是支持幼儿解决问题的正确态度，但是积极应答并不是立即应答。面对幼儿的请求，保育员要先进行观察和分析，然后再指导幼儿，这样教师的应答就比幼儿的请求慢半拍，而这段时间差为幼儿的主动学习留出了时机；否则，立即帮助幼儿或者直接提供现成的答案反而限制了幼儿主动发展的空间。因此，要让保育员明白，指导幼儿的节奏和速度不宜过快，要先观察和倾听幼儿在发出请求之前自己尝试做了些什么、是怎么做的，以及遇到的关键问题是什么，然后再进行有针对性的应答。可见，慢半拍并不是怠慢幼儿，而是激发幼儿内在主动性的有益态度。

3. 留一半

现在的幼儿一般都是独生子女，很多家长不太注重对幼儿生活自理能力和习惯的培养，导致幼儿养成了凡事等着家长和老师来帮忙的依赖心理。保育员对幼儿的生活教育比较多，因而肩负着培养幼儿独立自主的态度与能力的重任。但是，有时保育员为了更快地完成生活照顾工作，就急急忙忙地帮幼儿穿衣服、系鞋带、收拾玩具，等等，结果保育员不但自己忙得团团转，还使幼儿失去了动手的机会，因而不利于幼儿养成良好的生活习惯。针对这种情况，保育员应该学会为幼儿示范一半，留下一半让幼儿模仿做。比如为幼儿边讲解边示范扣一两个扣子，其余的扣子则留给幼儿模仿操作；为幼儿边讲解边示范穿一只鞋，另一只鞋则留给幼儿模仿着穿。这种语言提示性帮助加上示范一半留一半的指导方法，既增强了幼儿独立做事的胜任感，又减少了幼儿对成人的依赖感，是科学有效的教育行为。

4. 变句式

保育员从业前所接受的专业培训时间比较短，内容也不够深入，所以有的保育员虽然有指导幼儿的意识和热情，但常常口气生硬，命令较多。比如，一个幼儿在益智区玩了一遍磁铁拼图，准备换个玩具，保育员见了说："你再玩一遍吧。"幼儿很听话，又玩了一遍。玩的时候，保育员又命令幼儿应该这样玩,不应该那样玩。可以看出,保育员是想让幼儿多玩一会儿,并想指导她怎样玩,但实际上保育员对幼儿的意愿和操作强行进行了干涉。针对这种情况,应该指导保育员改变自己的指导语句式,把强迫命令式的祈使句变为征求意见式的疑问句和选择句,尊重幼儿的意愿,为幼儿留出思考和选择的空间。比如,"你不想玩拼图了,是吗?""你还想玩什么?""你觉得第一个拼图漂亮,还是第二个拼图漂亮?"在保育员理解并掌握了变换指导语句式的方法后,可以进一步指导他们了解:封闭的问句只是让幼儿简单地回答和选择"是"或者"不是",开放的问句则更能启发幼儿的思维。这为保育员进一步优化指导语提出了努力的方向。

5. 常沟通

良好的保教配合需要保育员和教师之间进行及时、频繁的沟通,不能认为彼此的职责分别就是保育与教育,这种认识和分工割裂了保中有教、教中有保的天然联系,直接影响着保教配合的质量。良好的保教配合需要保育员时时刻刻做教育的有心人,并及时、如实地反映给班级教师,为其设计教育活动提供素材和线索,使保教结合走向深入。

刚吃完早饭,欢欢就跑来告状,说君君抓了自己的脸。保育员进行了观察和询问,原来是欢欢吃过饭后打了一个大喷嚏,把馒头渣喷到了君君的脸上,于是君君就抓了欢欢的脸。保育员轻轻地吹吹欢欢的脸,又用毛巾擦擦君君的脸,经过抚慰的两个幼儿平息了争执。早饭风波虽然过去了,但是保育员认为应该把这件事情告诉主班老师,建议她组织一次教育活动,让幼儿讨论:欢欢为什么会打喷嚏?小朋友应该怎样打喷嚏?如果别人不是故意把喷嚏喷到自己脸上,小朋友应该怎样做?主班老师采纳了保育员的建议,引导幼儿进行了讨论。小朋友们各抒己见,不但学会了自己解决问题,还明白了文明行为和宽容待人。

这种保中有教、教中有保的活动来源于幼儿的生活,教育效果又回归于幼儿的生活,是保育员和教师之间相互尊重、经常沟通的结果,是符合《纲要》精神的科学观念与方法。

第五章

常见的园本培训形式有哪些

一、讲座式培训

二、参与式培训

三、观摩式培训

四、结对式培训

五、展评式培训

六、教师工作坊

国家教育部颁布《指南》之后，全国各地的幼儿园都非常重视《指南》的学习与培训。不久，《〈指南〉解读》出版，幼儿园得到了《指南》的权威解读与专业引领。于是，某幼儿园立即组织园本培训，由业务副园长带领全体教师学习《指南》。业务副园长认真阅读了《〈指南〉解读》后，做出 PPT，给全体教师讲解《指南》。业务副园长一口气讲了三个小时，全部都是书上的内容，由于她是学前教育本科毕业生，具有较高的理论水平，口才也很好，整个讲座没有讲稿、没有翻书、没有停顿，非常流畅，但是由于没有实例，也没有联系实际，老师们听起来非常抽象与枯燥。出于对领导的尊重，老师们在座位上默不作声，但是认真倾听的老师寥寥无几。有的老师玩微信，有的老师打瞌睡，有的老师悄悄画画……

类似的培训在日常工作中并不少见。上述针对《指南》的培训从时效性来说，是非常及时的；从内容上来说，无疑是正确的；但是从效果来说，是低效的。关键的原因不是园本培训内容有问题，而是园本培训形式有问题。照本宣科、滔滔不绝的单向灌输，必然让人产生倦怠心理，从而影响人们对内容的理解与吸收，这样的培训时间越长，学习效果越差；这样的培训次数过多，只会使人们对培训本身产生消极态度。可见，形式作为内容的载体，会对内容的传达与学习效果产生重要的影响。一方面，我们反对培训"走形式"，因为这样的培训空洞无物，缺乏实际意义；另一方面，培训需要采取好形式，因为这样的培训轻松愉快，使人真正受益。

在日常工作中，园本培训的形式丰富多样，每一种形式都有其自身的优势，同时也存在一定的局限性。因此，幼儿园要根据园本培训内容以及本园教师的学习需求选择合适的培训形式，并尝试整合各种培训方式的优势，建立适合园情的、富有实效的、自成体系的园本培训模式，最大限度地提高园本培训的效果，以促进教师的专业发展。

一、讲座式培训

讲座式培训，是指主讲人围绕专题向听讲人集中传授或者宣讲相关知识与信息的一种教育培训形式。主讲人与听讲人之间是一对多的关系，具有培训时间集中、培训内容密度大、受众人数较多、规模较大的特点。由于它可以在一定时间内向大多数听众传达大量信息，所以长期以来，讲座式培训是最为传统、最常见、最经济的培训形式。但是其局限性也很明显，它以单向传达为主，与听者缺乏互动与交流；以主讲人的知识体系为主，与听者的实际需要和已有经验有一定距离；以长时间集中传达为主，容易造成听者疲劳，这些局限性在一定程度上会影响培训效果。因此，讲座式培训经常遭到批评，尤其是当培训形式有所创新的时候，讲座式培训的局限性最容易"中枪"。人们容易用新形式的优势来对比讲座式培训的劣势，使讲座式培训的处境"苦不堪言"，甚至在一定程度上造成人们盲目否定讲座式培训的必要性。事实上，讲座式培训的优势是其他培训形式所不可替代的，正确的态度是对其扬长避短，而不是盲目排斥。

（一）幼儿园讲座式培训的必要性

幼儿园属于组织性比较强的教育机构，讲座式培训对于统一全园认识、解决共性问题、传达新形势、应对突发情况以及培养幼儿园骨干力量，都具有不可替代的重要意义。

1. 讲座式培训有助于幼儿园统一认识

幼儿园是一个专业从事幼教的集体组织机构，而集体的一个重要特点就是有共同的奋斗目标、有统一的专业认识、有强大的凝聚力，但集体的这些特点不是自然产生的，需要组织机构进行有目的的培训与有计划的构建。因此，幼儿园需要经常集中全体教师（包括家长）进行培训，统一大家的认识，统整大家的资源，统一全园的步调，可见，讲座式培训对于幼儿园创建学习共同体与和谐团结的队伍具有不可替代的作用。尤其是规模较大的幼儿园更需要定期组织讲座式培训，总结幼儿园的成绩与问题，提出园所发展新目标与策略，提高全体教师的认识与工作积极性，增强全体教师的集体荣誉感，鼓舞全体教师齐心协力提升幼教质量。

某教师曾经在一所大型幼儿园工作，这所幼儿园是那种"中规中矩"的幼儿园，会议多，培训多，园长讲话多，教师学习研讨多，当时这位教师感觉"好烦哦"。后来她调到了离家比较近的一所幼儿园，是那种"家庭式"小型幼儿园，最初感觉好温馨好放松，两三年后这位教师又有点失落了，她发现自己每天就是在家庭和班级之间两点一线，一年难得开一次会，也没有集体教研，更没有走出幼儿园参观与培训学习的机会。班上教师各干各的，见面除了说点班上琐事，不谈幼教大事，也不谈幼教发展。她感觉自己很孤立、很封闭，没有"幼儿园大家庭"的感觉。她对以前的同事说："真是失去了才知道珍贵！"

2. 讲座式培训有助于幼儿园解决共性问题

幼儿园经常会遇到一些需要引起全体教师共同关注与共同努力的共性问题，这类问题使得讲座式培训非常有必要。为此，幼儿园业务管理者需要对其进行调查与分析，引领大家一起认识问题出现的原因，寻找解决问题的办法。否则，每个班级的每个教师各自为阵，想当然地认识和处理一些问题，最后可能影响到幼儿园的整体形象，甚至幼教服务质量。

某幼儿园开办了放学后延时服务项目，为部分无法按时接幼儿回家的家长解决了后顾之忧。延时服务班实施一段时间之后，出现了一些问题。比如延时服务班并非幼儿所在班级，两个班的教师也不一样，这样教师之间交接幼儿的工作稍有不周，就会出现幼儿走错班、家长接不到的现象，因而存在安全隐患。与此同时，有的教师承担延时服务班活动，由于准备活动的时间有限，她们就利用白天上班时间为延时服务班备课。虽然她们这么做也是为幼儿园工作服务，是为了把晚间活动准备得更加充分与丰富，但是出现了两段工作相互干扰的状况。可见，无论是从安全教育角度还是从教育活动准备角度，抑或管理角度看，都需要幼儿园对新现象、新问题进行全面的了解与深入分析,加强统筹协调,建章立制,统一培训教师从幼儿园工作的整体性出发,齐心协力全面提高幼儿园的工作质量。

3. 讲座式培训适合培训幼教新形势与新发展

当今幼儿教育受到国家的高度重视与全社会的关注,我国在不断地完善幼教事业发展的法律法规以及各项管理制度;当今幼儿教育研究也是欣欣向荣,不断地出现新成果和新理念;新政策和新知识的出现都需要及时地传达到幼儿园,幼儿园进而及时培训教师。这样,教师的专业学习才能跟得上时代发展的步伐,幼儿园办园质量才能符合国家与社会的要求。

国家教育部颁布《幼儿园教师专业标准(试行)》之后,某园就对教师及时地进行了主题系列培训活动,在全园倡导幼儿园教师应秉持的基本理念:"师德为先,幼儿为本,能力为重,终身学习。"园长首先向全体教师做了针对《幼儿园教师专业标准(试行)》的讲座式培训,然后要求教师根据《幼儿园教师专业标准(试行)》进行自查与反思,还举行了"学习《标准》师德为先"的演讲活动。围绕《幼儿园教师专业标准(试行)》进行的园本培训系列活动持续了一个学期,及时更新了教师的知识结构,塑造了教师良好的精神面貌。

4. 讲座式培训适合应对临时性、突发性工作

幼儿园经常会应对临时性任务,面临突发性工作,为此,幼儿园需要紧急召集全体教师参会,在通报新情况的同时,提高大家对工作重要性的认识,并做好相关工作安排。这时,讲座式培训的必要性、及时性、高效性就凸显出来,提高了幼儿园危机管理的意识与水平。

幼儿流行病的防范是幼儿园的常规工作,但是随着疫情的变化和相关管理规定的加强,幼儿园需要随时加强培训。比如幼儿手足口病被列为《传染病防治法》规定的丙类传染病管理,这是第38种法定传染病,体现了国家对幼儿健康的重视。幼儿园就需要利用这个时机,对全体教师和保育员以及家长进行培训,提高对此病的重视、了解以及防控知识。当疫情发生的时候,

通报、隔离、关班、治疗等相关管理措施都特别需要家长的理解、支持与配合，而家长虽然关心孩子但不是专业的工作者，这就特别需要幼儿园给予专业的培训与指导。此时讲座式培训就可以发挥作用，集中家长对他们进行系统的、专业的讲解与宣传。

5. 讲座式培训锻炼业务骨干的培训能力

讲座式培训信息量大、专业性强、时间较长，对业务骨干的专业知识体系、系统演讲水平以及公开讲座的心理素质，都是一种考验与锻炼。据了解，很多幼儿园的业务骨干口才较好、善于表达，但主要体现在座谈会上，如果作为主讲人承担讲座式培训，则显得信心不足、力量不足。在座谈会上，大家可以想到哪里说到哪里，说的时间可长可短，还可以相互补充与提醒，比较自由放松；但在讲座式培训会上，则是主讲人在较长时间内"单挑"，需要主讲人根据听者的真实需求选择最有价值的知识与信息，并以独白语的方式传达出来，它对主讲人的资料收集能力、工作记忆能力以及口语表达的逻辑性、内在思维的系统性都有很高的要求。很多业务骨干担心自己讲不下去，或者忘记讲座内容，最初都采取念稿的方式主持培训，这样不但文字准备工作量很大，而且念稿与听者缺乏眼神与表情交流，会让讲座变得沉闷、枯燥、单调。可见，讲座式培训对业务骨干的培训能力要求很高，必要的时候组织讲座式培训既是工作需要，也是对业务骨干能力的培养与锻炼。

（二）讲座式培训扬长避短的方法

既然讲座式培训的优势不可取代，其局限性也显而易见，那么对讲座式培训加以创新改造，使之扬长避短，就能大大提高这种形式在园本培训中的实际效果。

1. 深加工

形式受内容的制约，讲座作为一种培训形式，其内容首先要满足听者的实际需求，在这方面，园内的业务管理者比园外的专家更有优势。但是很多业务管理者只是把幼儿园老师的需求传达给专家，自己却不承担讲座培训。

其实，园外专家只能根据园内需求在讲座专题上有所侧重，却无法与园内教师的专业发展现状进行零距离对接，因此，专家的讲座内容对拓展教师的专业知识、开拓教师的视野与思路或者在通识知识方面非常有益，而教师在实际工作中的困惑与问题依然可能悬而未决。可见，幼儿园的业务管理者要主动挖掘自身潜能，细致调研本园现状，深入学习相关知识，系统总结现有经验，把理论指导与实践发展结合到实处。这种经过深加工的讲座式培训言之有物、务本求实，必然受到老师们的欢迎，对促进教师专业发展非常有益。

2. 巧开场

幼儿教师整体队伍年轻有朝气、她们的性格活泼开朗，她们的学习、生活与工作氛围都带着清新明快的风格。而传统的讲座式培训比较冗长、沉闷，与幼儿教师的"气场"有所不符，所以，讲座式培训应该有所创新。讲座式培训一般比较严肃、时间较长、信息量很大，因此可以在讲座式培训的开场做一个巧妙安排，吸引教师的注意力或者启发教师思考，中场则可以安排休息或者游戏，营造劳逸结合的氛围，提高学习效率。

（1）游戏式开场

幼儿教师喜欢做游戏，培训开场利用简短的游戏可以达到快速提神的效果，尤其是下午的讲座培训，游戏式开场更有必要。因为幼儿教师都非常善于做一些小游戏，所以游戏式开场可以由主持人带领大家一起做，也可以由教师带领大家一起做。主持人还可以自备一段视频，让大家跟着视频中的示范动作与音乐一起活动，效果也很好。

（2）故事式开场

幼儿教师喜欢讲故事，也喜欢听故事，精心选择与讲座主题相关的故事、趣事等，启发教师思考问题，比较符合幼儿教师具体形象思维发达的特点。比如培训内容以解读童心为主，那么不必直接讲儿童心理学知识，可以先讲一则寓言故事：小狐狸跨越篱笆时脚滑了一下，情急之中抓住一株蔷薇才没有摔倒，可是脚被蔷薇的刺扎伤流血了。狐狸埋怨蔷薇说："我请你帮个忙，你反而伤害我，为什么呢？"蔷薇回答说："小狐狸，不是我伤害你，我身上本来就有刺，是你自己不小心才被我刺到的。"故事讲完可与老师一起分析类似的儿童心理现象。主持人也可以直接引用幼儿的真实案例，带领教师解读案例背后的心理原理。

（3）问题式开场

围绕讲座主题或者主要内容，主讲人可以在开场时提出两三个问题，让大家有所思考，在讲座过程中联系问题深入讲解主题内容，或者在讲座结束后与教师一起交流各自的想法。带着问题和思考听讲座，能够提高学习的效率。

3. 促互动

讲座式培训遭到诟病的主要原因之一就是主讲人一言堂，与听者缺乏互动，长时间的听觉疲劳导致主讲人滔滔不绝，听者心不在焉。所以，讲座式培训有必要添加互动环节。主讲人可以设计几个与主题相关的小问题，也可以请教师谈一谈在工作中遇到的实际困难与困惑，请教师思考并回答，然后再交流。有的主讲人在互动环节做游戏，也很受欢迎。讲座式培训添加互动环节的主要目的是创造主讲人与听者之间的对话交流机会，促进讲座"接地气"，让"自下而上"的声音与诉求得到关注与支持。

4. 添案例

传统的讲座式培训是专家的阵地，专家的理论水平高，专业知识丰富，有大量的信息需要向教师传授，所以枚举案例较少。而教师对案例有无比的亲近感，因为一个案例涉及一个幼儿的发展，涉及一系列理论与知识的理解与应用。所以，针对幼儿教师做讲座式培训，务必以案例为切入点来调动教师的经验系统，与教师产生共鸣与共振。现在，很多业务管理者已经非常关注案例的培训价值，甚至专门做案例培训，这是一个很大的进步。但目前存在的问题是，有的培训出现只讲案例却对案例缺乏提升的状况，那么，教师的思维与认识就停留在案例的表面，对案例背后的科学性与逻辑性挖掘得不够，教师难以举一反三，这样既冲淡了理论知识的学习，又没有充分发挥以案例带动思考的效果。可见，过犹不及，主持人要把握好在讲座式培训中添加案例的比例，并提高对案例的解读水平。

5. 重组合

由于园本培训是工学相结合、研修一体化，所以园本培训具有"短、平、快"的特点，即培训时间短、内容平实、见效快。因此，幼儿园的讲座式培训不必一人一言堂，可以多人共同承担，每人20分钟或者30分钟，既使多人经受锻炼，又丰富了培训形式。比如在一个120分钟的园本培训中，可以先让业务领导做简短开场，提高培训的重要性；接着，由业务干部针对全园共性问题进行分析讲解；然后，由骨干教师展示自己在实际工作中的案例；最后，由主持人带领大家做互动交流。这样，一个讲座式培训有理论有实践，有主讲有互动，每个人主讲的工作量并不大，但组合在一起培训，信息量比较充分。对于参与学习的教师来说，这种"培训套餐"还是很有"营养"的。

6. 做课件

以前多媒体教学设备并不普及，传统的讲座式培训没有课件，主讲人可能利用黑板做板书，或者只有口头讲座，不提供视觉资料。现在多媒体教学设备及课件制作软件已经广为人知，课件成为讲座式培训不可缺少的"板书"，主讲人也可以把课件大纲打印出来发给教师，教师有了提纲挈领的讲座内容，非常有助于提高学习效率。

（三）幼儿园讲座式培训方案示例

培训方案的设计涉及培训的背景和缘由、培训内容与形式的选择、培训过程的安排及组织实施策略。在此以"走出美术范画教学的误区"为例，呈现一例幼儿园讲座式培训从无到有，以及培训后效果评价的主要过程。

"走出美术范画教学的误区"园本培训

1. 培训的背景和缘由

幼儿园业务管理者需要弄清楚设计和组织一次（或一系列）园本培训的原因与目的。"走出美术范画教学的误区"这一园本培训专题与2012年10月15日国家教育部颁布的《指南》密切相关。《指南》在"艺术领域"之"教育建议"中明确指出："幼儿绘画时，不宜提供范画，特别不应要求幼儿完全按照范画来画。"幼儿美术教育不宜提供范画的研究和实践由来已久，在幼教界受到广泛关注，但是在实际工作中仍然存在观念上理解不透彻或者教育行为不到位的现象，本园也是如此。现在应该抓住贯彻《指南》精神的有利时机，从幼儿园现存"范画教学"的现象入手，为全面、正确地理解与落实《指南》奠定基础。

2. 培训形式与内容的选择及准备

由于此次培训内容涉及幼儿美术教育研究成果以及对《指南》精神的理解与学习，内容的系统性和逻辑性较强，而且《指南》是新颁布的国家级文件，需要严肃、认真地上传下达，所以讲座式培训比较合适。具体内容以《〈指南〉解读》为主要指导用书，同时调查班级范画教学现状，并拍摄照片，与教师访谈，收集整理班级教师的原始资料，并对现状进行深入的分析与解读。主讲内容在40分钟以内完成，讲座提纲制作成PPT。

3. 培训目标

（1）调研班级幼儿绘画的情况，分析范画教学现状。

（2）引领教师理解范画教学对幼儿产生的消极影响。

（3）更新美术教育观念，走出"范画教学"的误区。

4. 主讲人

业务副园长。

5. 培训过程

（1）展示班级幼儿的绘画作品，提问：你们发现这些作品有什么问题吗？（"作品雷同，千人一面，没有创意"）

（2）出示并分析著名画家官其格的一句话："中国儿童画70%不是儿童画，是假的，为什么这么说，因为完全是被老师、家长意识形态所操纵下的东西，所以不是真正的儿童画，真正的儿童画应当是童真、童趣、童心，关键在这里。"

（3）分享与交流华东师范大学华爱华教授主持的一项实验研究：让幼儿按如下要求画四幅画，所有作品不写幼儿姓名，教师做了记号。四天后，让幼儿辨认自己的作品，结果幼儿对不同种类的作品认出率差异很大（见表4）。

业务副园长引领种类教师针对此项研究结果分析原因，提高认识。

表4 绘画种类与辨认率

种　类	认出率
临摹：孔雀	60%
命题画：我的好朋友	100%
意愿画	96%
写生画：菠萝	88%

（4）展示班级教师在美术教育中培养幼儿创新能力的图片与作品，为教师改革美术教育方式提供已有经验，鼓励和启发教师在此基础上进行探索与创新。

（5）布置阅读作业：《〈指南〉解读》第151-179页。

6.培训效果

此次培训围绕"范画教学"展开，既有学术研究成果、国家文件精神，又有班级幼儿绘画调查及教师访谈资料，所以培训内容具有权威性、专业性，又真实可信。同时所有的绘画作品和教师访谈均为匿名，培训素材"就事论事"，而且培训之时，绘画作品已经撤离班级，交由家长拿回家保存起来，所以未对教师造成"对号入座"的不良影响。由于培训内容言之有物、言之有理、导之以行，所以培训效果很好。学期末，班级"范画教学"已经消失，继而出现很多美术教学新举措，业务管理者再次深入班级，收集教师更新观念之后的创新教育行为与教育策略。新学期拟将开展"去范画教学之后的新气象"，通过图片展示教师的变化与进步，并总结和梳理班级教师探索的美术教育新思路与新方法，在全园交流分享班级教师的新经验，促进教师在现有基础上进一步提升贯彻《指南》的能力及专业发展水平。

二、参与式培训

参与式培训,是指培训者为教师创设体验、操作、探索、交流、合作等参与式活动的机会与情境,调动教师的已有经验,激发教师感悟、思考、理解,最终促进教师主动调整自我认识、更新教育观念、改善教育行为。参与式培训在我国起步较晚,是随着我国新的课程改革及其相应的教师培训工作不断推进,渐渐被人们关注并探索尝试的一种新的教师培训形式。与传统的教师培训形式相比,参与式培训在理念与操作方式上都有许多创新之处。

(一)幼儿园参与式培训的必要性

参与式培训在最近几年备受人们关注与推崇,这是因为参与式培训自有创新之处及独特的优越性,妥善设计与组织参与式培训对教师理解幼教改革新精神、探索幼教新策略都具有积极的促进作用。

1. 参与式培训理念与当今幼教改革理念不谋而合

参与式培训重视培训方式对教师的示范作用,认为培训者用什么方式培训教师,教师就用什么方式教育儿童。因为在职教师不是一张白纸,她们都是有专业经验和实践知识的,所以培训活动需要调动教师的已有经验与知识,促进教师在参与培训过程中进行主动建构,培训学习中的理论与知识不是培训者"灌输"和"给予"的,而是教师自我建构的。可见,传统培训使用的是接受式学习方式,参与式培训提倡的是发现式学习方式。这样,培训者与参与者之间是平等的、互动的、合作的。以上理念与当今幼教改革倡导的理念完全一致。当今幼儿教师是幼儿学习的支持者、合作者与引导者,不能采取"满堂灌"、死记硬背、单调训练等教学方式,要为幼儿创造直接感知、实际操作和亲身体验等建构式、发现式学习机会,让幼儿成为学习的主人。由此看来,参与式培训的初衷是通过促进成人学习方式的改变来提高培训与学习效果。

2. 参与式培训促进教师深度卷入学习过程

参与式培训不搞"大讲堂",参与人数不能太多,一般在30人左右,而且要分成小组,小组成员根据实际需要分别担任召集人、记录员、计时员、噪声控制员和汇报员等角色,小组成员相互尊重、平等参与、互动交流、合作学习。在此,"参与"既包括个体"签到""参加""在场"、学习以及与其他小组成员互动等外显行为,也包括个体在情感上的积极投入、在思维上的积极活跃以及在认知上的主动建构。这样,培训就不是老师讲什么,学生就听什么的被动学习过程,而是培训者创设情境、参与者深度卷入的主动学习过程,参与者的头脑不再被当作知识的容器,而是可以点燃的火把。

某幼儿园新买了一批益智区玩具,想丰富班级区域活动材料与玩具。以前的做法是直接发给各个班级,教师只是做一些简单的介绍,幼儿出于好奇心会玩一阵子。过一段时间之后,新鲜感没有了,幼儿就玩得少了。结果,玩具的价值没有充分发挥出来,幼儿玩得不深入,游戏水平也没得到锻炼与提升。这一次,新玩具买回来之后,幼儿园先组织了一次参与性培训。主持人把教师分为三组,每组五人,与班级区域活动人数相同,每组的玩具相同。先让每个教师单独玩玩具,体验玩具的基本特点;然后小组成员合作玩玩具,体验合作游戏所带来的不同效果,并由小组成员把每件作品都拍摄下来。半个小时后,三个小组各派一名代表边展示照片边介绍作品产生的过程。由于每个教师都参与了体验、合作与交流的过程,所以老师们对这一批益智玩具的特点和玩法都有了丰富的感知经验与游戏指导策略。培训活动结束之后,老师们带着参与式培训的收获指导活动区,幼儿对这一批玩具的参与程度和游戏水平果然有所提高。这种培训的效果正如美国教育家杜威所说:"在对教师进行培养时,我们需要设法让教师个人与客观条件产生互动,获得有教育意义的经验。"

3. 参与式培训充分利用同伴资源锻炼教师

传统培训的资源在主讲人那里,参与式培训的资源在同伴之间。因为参与培训的教师都不是空着脑袋前来学习的,她们都具有一定结构的专业知识体系和一系列经过实践检验的有效经验,而且这些实践性知识没有写在书本上,也没有机会广为传播,它们"低调"地"缄默着"、"潜伏"在教师的实践智慧之中。参与式培训则为教师搭建了自由表达和互通有无的交流平台,而且由于教师都具有相同的工作背景,遇到的问题具有很大的共性,所以,一个人的困惑可以获得很多人的回应,一个人的建议可以开启很多人的智慧,资源共享、经验重构成为参与式培训的优势之一。

与此同时,参与式培训的小组学习氛围使得教师不再做旁观者和沉默者,每个人在小组中都承担着一定的角色,发挥着一定的作用。一些性格外向、善于表达的教师自然很快就在小组学习中发挥优势,有些性格腼腆、不善表达的教师经过参与式培训的熏陶与影响,也会发生积极的改变。

某幼儿园经常组织参与式培训,最初汇报员都是由教研组长和骨干教师承担,后来幼儿园把参与式培训组织得更"地道"了,汇报员由组员轮流担任。轮到崔老师要当汇报员的时候,她紧张得不得了,怕说不好、说不完整、说不正确。于是,她几乎代替了记录员的角色,用心记录大家的讨论,尽量完整地反映小组意见。但是三五次之后,崔老师感觉放松多了,反正说不好也得说,而说着说着心跳就没那么快了。而且,崔老师发现自己与家长交流时也变得比以前健谈了。可见,良好的参与式培训对人的性情、态度都有调适作用。

4. 参与式培训适合培训家长更新教育观念

众所周知,更新教育观念是非常困难的,即使人们在理性上接受新观念,传统观念根深蒂固的影响依然挥之不去,甚至很多人都有不愿意改变自己的惰性,家长更容易这样。因为教育孩子需要理性,而爱孩子的情感易使家长把理性抛诸脑后,所以家长谈论教育观念的时候是一套,对待自己孩子的时候往往却是另一套。针对这种情况,家长需要的是"震撼",而不是"讲道理"。因为家长都明白道理,他们需要的是经过深切的体验与感悟促使自己"下决心"改变自己。

某班教师发现有的家长对孩子比较严厉,与家长个别交谈的时候,家长也承认发脾气对孩子不好,但是自己控制不住脾气。于是,该班班主任设计了一次参与式培训。教师把家长分为两组,一组扮演父母,一组扮演孩子。"父母"尽量逼真地对"孩子"发脾气,批评、惩罚、吓唬、辱骂"孩子",而"孩子"不许反驳,只能默默承受。第一次角色扮演之后,双方交换角色。有的"孩子"这时却不愿意交换角色扮演"父母"了,说:"我不行了,尽管刚才只是一个表演,可是我心里依然很憋屈、害怕、愤怒,想着平时我也这样对待过孩子,孩子真是太难受了,我真是太对不起孩子了。"这次培训"震撼"了很多家长,有的家长非常感慨地说:"没有切肤之痛就不知道悔改,再这样下去非毁了孩子不可,谢谢老师组织了这么好的教育活动!"

5. 参与式培训锻炼业务骨干的培训能力

园本培训的骨干力量是幼儿园的业务管理者和骨干教师,她们承担着本园专业引领的重任。传统的引领方式是业务骨干"掌握"着更多的知识与经验,担负起"传授"和"指导"其他教师的职责,其他教师则"听从"业务骨干的要求,可见,培训者与教师之间是自上而下的关系。参与式培训则要求培训者与教师建立平等与平行的关系,培训者在参与式培训过程中首先是一个倾听者,以虚怀若谷的胸怀倾听教师的真实心声,以换位思考的方式理解教师的所思所想与所做所为;然后在教师需要提供支持的时候,以专业水准把教师想说又说不出来的疑惑一语道破,让教师感受到在专业成长过程中豁然开朗的放松感和愉悦感。这就需要培训者具有一定的人格魅力与专业水准,培训者不高高在上,不以权威自居,给教师营造大胆、放松、自由表达的心理环境;培训者不过早断论,不以己度人,不当"麦霸",始终侧耳倾听教师的表达,只在教师被迷雾缭绕的时刻帮助她们拨开乌云见阳光。可见,参与式培训要求培训者"隐退"身形,指导"无痕",就像要求教师教育儿童一样具有"润物细无声"的教育效果。

(二)参与式培训扬长避短的方法

参与性培训虽然新颖生动,但是对培训者的要求较高,对幼儿园团队素质也有一定的要求,而且并不是所有的内容都适合选用参与式培训。由于参与式培训没有固定的模式与过程，重在突出个体参与和小组合作，组织者可以根据自己的需要、学习条件和参与者情况即兴创造，可以融合各种培训方式，形式不拘一格，如小组讨论、案例分析、视频分享、看课评课、角色扮演、访谈调查、图画图表、辩论评析、专题小讲座、头脑风暴、团体游戏、心灵鸡汤、运动热身等，但如果这些形式的组合比例不合适，或者培训内容与这些形式关系不大，就有可能导致形式上热热闹闹、内容上却空泛肤浅，影响培训效果。因此，参与式培训和讲座式培训一样，也涉及扬长避短的问题，需要培训者妥善驾驭各种培训形式，为培训内容增光添彩。

1. 行政角色隐退，突出教师的主体性

参与式培训对培训者角色、参与者角色以及培训方式和学习方式都具有一定的挑战性。由于长久以来，培训者多为园领导，园领导习惯了把培训与训导融为一体，把学习与听讲融为一体，老师们也习惯了带着笔与本来听领导开会、训话，所以很多幼儿园已经习惯了培训者讲得多、参与者只管听，培训者最后下结论、参与者最后都听从领导的模式，而这种模式与参与式培训理念是格格不入的。设计与组织参与式培训要求园领导和业务干部"隐退"行政角色，成为一名与教师平等的参与者和学习者，不对自己的经验和观点持有优越感，尊重每个教师的已有经验和观念，即使有的教师经验不丰富、观念很稚嫩，培训者也要鼓励她们没有压力地大胆表达，让她们不成熟的经验与观念在同伴交流中渐渐地得到修正。否则，年轻的教师表面上听从业务管理者的指导与要求，但并没有完全消化与吸收，而且因为缺乏自由表达的机会，她们并不知道自己的经验与观念和别人的有什么不同，业务管理者也不知道她们的真实状况，继而也无法有针对性地为她们提供指导与帮助。可见，在参与式培训中，业务管理者要少说多听，少下结论多点拨，少上下级观念多平等沟通，少行政角色多专业意识，最大限度地突出教师的主体性。这样才能充分调动教师大胆参与的积极性与主动表达的愿望，形成参与式培训所特有的自由活跃的学习研讨气氛。

2. 配合预习与小讲座，提升专业沟通效率

参与式培训在突出教师主体性的同时，可能存在培训效率低的问题。有

的教师反映大家在参与式培训中发言积极，但是你说说、我说说、她说说，大家各说各的，培训者并不统一大家的观念，最后也不知道该听谁的。培训结束后感觉挺浪费时间，收获不大，就像"萝卜炖萝卜还是萝卜"一样原地踏步，没有提升。这是参与式培训还不够成熟时必然会出现的问题。在高标准的参与式培训中，培训者确实不统一大家的观念，不给大家一个定论，而是由教师自我统整、自我建构，由此看来，参与式培训对每一个参与者的要求也是很高的。每个参与者都要有自己的思想和观点，而且参与者最好不要过于"同质"，这样大家的观念更容易产生冲突与碰撞，思维变得更加活跃，知识信息更容易相互补充或者修正。但是幼儿园教师恰恰同质性强、异质性弱，为了解决这个问题，培训者在参与式培训之前可以先布置预习作业，让教师围绕主题先进行思考或者收集资料做准备，大家都带着丰富的资料、信息与思考前来参与小组研讨，那么每个人的发言就更"有料"。培训者也可以准备一个小讲座，在培训过程中的某一环节与大家分享，或预热或启发或设疑或提升，虽然培训者不给"定论"，却引领大家的思考方向。这样，培训者与参与者之间、参与者与参与者之间在专业沟通效率上都会有所提高。

3. 形式花样适度，确保学习认真、思维严肃

如果一个培训在形式上呆板、单调，培训者高度控制，学习者昏昏欲睡，学习气氛死气沉沉，那么它就不可能是参与式培训。因此，培训者都非常重视参与式培训在形式上的丰富与活跃。幼儿教师喜欢热闹，喜欢活动，喜欢做游戏，因而容易出现培训花样过多、游戏时间过长、培训环节松散的问题，冲淡了认真学习、严肃思考的氛围，导致参与式培训热热闹闹走形式，培训内容却空洞无物。其实，园本培训是一种"见缝插针"式的成人学习方式，教师的工作时间珍贵、学习时间宝贵、学习机会难得，培训者要把握培训形式灵活、培训内容取胜的宗旨，发挥参与式培训不拘一格的优势，提高园本培训效率。

（三）幼儿园参与式培训方案示例

幼儿园选择合适的内容组织一次参与式培训，对于幼儿教师和家长来说都是非常有意义的。在此以"创新教育"为培训主题,以幼儿教师和幼儿家长为双重培训对象,枚举一例参与式培训方案的设计与组织实施过程。

"幼儿教师与家长创新教育"园本培训

1. 培训的背景与缘由

随着幼儿园深入学习和贯彻《纲要》,教师的教育观念得到很大提高。家长作为幼儿的第一位启蒙教师,只有与幼儿园保持一致的教育观念和态度,才能更好地促进幼儿快乐地发展。《纲要》指出:"家庭是幼儿园重要的合作伙伴。应本着尊重、平等、合作的原则,争取家长的理解、支持和主动参与,并积极支持、帮助家长提高教育能力。"所以,幼儿园积极开展家庭教育指导工作是贯彻《纲要》的重要体现。然而,长期以来,家庭教育指导存在单向灌输理论、家长被动接受的形式弊端,影响了家庭教育指导工作的效果。为此尝试新的培训形式,力求创新教育理念能够深入家长内心。

2. 培训主题

幼儿创新的基础是什么。

3. 培训目标

(1)通过亲自参与,帮助家长感悟幼儿创新的基础是发现式学习,而不是被动接受。

(2)通过示范参与式培训形式,帮助教师开拓家庭教育指导方式新思路。

4. 培训准备

(1)人员:主持人1名,助手1名,家长20名,业务干部和骨干教师18名,特邀嘉宾5名。家长分为4个小组,每组5人,自选记录员、计时员和汇报员。幼儿园业务干部、骨干教师和特邀嘉宾作为观察员,不直接参与小组活动,而是观察与研究培训形式。

(2)时间:下午14:30—16:30。

(3)地点:幼儿园多功能厅。

(4)材料:实物苹果和塑料玩具苹果各30个,水果刀20把,2张PPT(1张图片苹果,1张汉字苹果),1块磁性黑板,1张绘好表格的图纸。

5.培训过程

（1）导言：创新是一个民族进步的灵魂，是一个国家兴旺发达的不竭动力。创新教育是教师和家长共同关注的焦点。但是，什么样的教育才是创新教育？幼儿创新教育有什么特点？现实生活中，哪些观念和行为与创新教育不相符？幼儿园教师和家长首先应该在这些问题上达成共识。

我们这个幼儿园坐落在举世闻名的高等学府里，绝大多数幼儿的家长都是高级知识分子，很多家长直接从事高等教育和研究工作，对创新的意义和创新教育的价值不言而喻。但是，幼儿创新教育具有什么特点，这是幼儿教师和家长朋友共同面临的新课题，今天我们将对这个问题进行一次深入的探讨和交流。现在，大家可以看见，每个人的面前都有一个苹果，我们今天的话题由此展开。一方面，借助苹果的吉祥含义，祝福大家生活平平安安、事业硕果累累；另一方面，这个苹果也是我们的操作材料，我们的操作分为以下几步，每一步我们都要观察、操作、记录和交流。

（2）分四步进行操作，并做相应记录。

第一步：操作实物苹果。

主持语：利用你面前的苹果，你可以做任何形式的操作，然后请你在记录纸上记录你的发现。

家长通过看、切、嗅、吃、滚等多种方式，发现苹果是圆形的，外皮是红色的，果肉是白色的，闻起来很香甜，有果核，果汁多、口感脆，只能上下放不能侧着放，扔在地上有伤疤，可以做雕刻……家长每说一条，就记录一条，最后统计出总数。

第二步：操作塑料玩具苹果。主持人给每位家长发一个塑料材质的苹果，主持语、家长操作、交流以及助手的工作同上。

第三步：操作图片苹果。主持人打开PPT，呈现一张苹果的图片，主持语、家长操作、交流以及助手的工作同上。

第四步：操作汉字苹果。主持人打开PPT，呈现一张写有汉字"苹果"的图片，主持语、家长操作、交流以及助手的工作同上。

（3）呈现统计结果（见表5）。

表5 "苹果的发现"结果统计表

种类	实物苹果	玩具苹果	图片苹果	汉字苹果
数量	42	23	13	7

（4）根据统计结果，引导家长思考。

主持语：从统计结果可见，苹果变得越抽象，关于苹果的创新发现变得越少，这说明：

①创新的基础是什么？（引导家长得出结论：发现，操作，体验。）

②我们的教育需要为幼儿提供什么支持？（引导家长得出结论：真实的材料和相应的操作工具。）

③我们的教育误区是什么？（引导家长得出结论：抽象说教和知识灌输。）我们为什么习惯于这样教育孩子？因为我们已经远离感性的童年，过分强调成人的理性与抽象思维，对孩子的教育跨越并脱离了他们的年龄特点。

④幼儿的学习与科学研究有什么本质上的统一之处？（引导家长得出结论：猜想、操作、体验和验证，不盲从，凡事爱问为什么。）

主持语：现在我举一个例子，请大家思考这个案例的问题在哪里，有什么改进之处。

一位妈妈牵着儿子的手走在去幼儿园的路上，快到幼儿园的时候，妈妈主动问儿子："你是不是觉得今天走的时间短一些？"儿子点了点头。"你知道为什么吗？""不知道。""因为两点之间直线最短，以前咱们绕了一个弯，今天没绕弯。你再跟妈妈重复一遍，两点之间直线最短。"儿子重复了一遍，妈妈赞赏地摸摸儿子的头说："对了，以后记着啊！"儿子又很乖地点了点头。

教育的误区是：灌输和说教。妈妈所说的"两点之间直线最短"，孩子虽然点头了，但他只是一种被动的附和，不可能真正理解这个几何原理。

改进的方法是：家长应该增加孩子的操作与体验，采取更符合孩子学习特点的方式启发孩子。比如以下两种方式：

方式1：妈妈可以有意地做个比较，让孩子有"两点之间直线最短"的真实体验。妈妈可以用手表或者手机，与孩子一起计算两条路线所用的时间，而且要保持行走速度的相对均匀。孩子通过亲自观察、比较可以得出"抄近路更快一些"的结论，其科学道理的实质与"两点之间直线最短"是一样的。这样即使孩子对"两点之间""直线""最短"等词汇不明白，但对于由这三个词有机联系起来的几何原理已经有所领悟了，这才是教育的关键。

方式2：走到铺垫瓷砖的人行道上时，妈妈可以在地面上圈出两米见方的正方形，指出正方形的任意两条对角线的顶点，然后问孩子："这两点之间，我们怎么走最短呢？"然后让孩子量步，先走两点之间的直线距离，再走两点之间的折线距离。这种方式更加直观地向孩子展示了"两点之间直线最短"的真实含义。

（5）总结和提升。

主持人出示磁性黑板，上面画有两个图形，然后做解释、总结和提升。

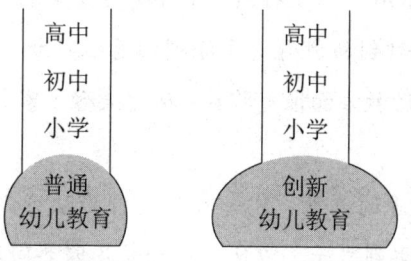

主持语：这两个图分别表示普通幼儿教育与创新幼儿教育对人一生发展影响的不同。幼儿园、小学、初中和高中是每个人接受基础教育的基本路径，其中小学、初中和高中教育的基本内容和方法很相似，所以在幼儿教育期间培养孩子的创新基本素质非常关键。如果把人一生在各个方面的发展比喻为一个收获沉甸甸的容器的话，那么，幼儿教育的任务应该是做这个容器，而不是急着往里面装东西。也就是说，用好奇心、兴趣、想象力把容器的空间撑得大大的，然后上了小学、初中、高中，孩子的逻辑思维能力发展了，他就可以尽可能多地摘取知识的硕果收藏在容器里，以备后用。否则，早早地把孩子限制在学"死知识"上，就等于早早地把容器定型了，孩子的潜力和发展后劲都将受到限制。

（6）请骨干教师讲一个自己的创新教育事例（每人三分钟），与大家分享。

（7）请家长自由发言，讲一个自己的创新教育事例，与大家分享。

（8）家长和教师都需要填一个简单的反馈表。

①您对这次活动：（　　　）

    A.非常满意　　B.比较满意　　C.不太满意　　D.不满意

②请留下您的满意之处：

③请留下您的宝贵意见：

6.培训效果评析

（1）培训效果他评。

反馈结果表明，家长和教师的满意率为100%。

家长所填写的满意之处很多，比如幼儿园领导和老师通过"创新教育"这一主题和家长进行了幼儿教育方面的沟通与交流，这种形式非常好，很受启发；第一次知道苹果有这么多特质，从中分享了教师创新教育的收获；通过教师循循善诱的方式对创新教育有了深刻的感性认识，通过教师的案例分析开阔了眼界，感觉在幼教方面很有收获；及时提醒了家长应注意在教育方面的误区……

家长也提出了宝贵的意见，比如希望这种活动可以常常举办，让家长从幼儿园的先进理念中得到启示，以便家长和幼儿园共同培养孩子；希望多开展此类交流活动，多分享创新教育案例；希望每位教师都能像今天发言的各位老师一样，在日常生活和学习中培养、爱护、鼓励孩子的创新精神；希望幼儿园在更大的范围内，定期通过各种形式与家长进行育儿方面的交流，尤其是针对不同年龄段的孩子进行不同侧重点的沟通，效果将更好……

教师的满意之处有：活动形式很新颖，看似简单，但效果明显。对家长而言，言简意赅，寓意深刻。对教师而言，是家庭教育指导形式上的一次突破，示范性强；让大家在轻松的体验式的游戏氛围中体会创新教育的价值和方法，不但是一次很有收获的家庭教育指导活动，同时也让教师收获很多，拓宽了教师组织亲子活动的思路；充分调动了家长参与活动的积极性，气氛融洽、和谐……

教师的意见有：希望多组织类似的活动，不断学习以提高家庭教育指导的专业性，提高家园共育的实效性。

（2）培训效果自评。

本次参与式培训活动组织得比较成功，本身也具有创新特色：

①把对家长的培训和对教师的培训融为一体。家长需要树立创新教育观念，学习创新教育方法，教师需要学习如何进一步丰富家庭教育指导形式，提高家庭教育指导水平，本次活动把两者的需求有机地结合在一起。

②把对教师的培训和教师向家长的展示结合起来。学习和贯彻《纲要》使教师获得了先进的创新教育观念和方法，但是还需要进一步提升，以便更加明确地领会创新教育的真谛。同时教师平时所做的创新教育工作并不完全被家长所知，本次活动为教师提供了向家长展示的机会，增强了教师的成就感和专业自信，提升了教师的专业形象。

③对家长的培训不是说教，而是体验和参与，生动活泼，发人深思。家庭教育指导工作形式需要不断创新，才能更加有效地更新家长的教育观念，提高家园共育效果。本次活动是一次工作形式上的创新，它提醒并鼓励我们在其他教育观念方面也可以创新指导形式，把家庭教育指导工作开展得更加丰富多彩。

三、观摩式培训

观摩之意在于"相观而善之谓摩"，它出自我国古代战国时期的《学记》，此文专门论述了教育和教学的基本问题。教师之间通过相互观察、相互切磋，取人之长、补己之短，有则改之、无则加勉，最后达到执教者与观摩者共同学习、共同成长的效果，因此，"观摩"是促成"教学相长"的主要途径之一。观摩活动是幼儿园常见的教育实践形式，具有展示、研究、培训、评价、考核、检查、评比等多种功能。幼儿园管理者倾向于不同的功能，观摩活动的效果就会有所不同。随着开放办园和园际交流活动的加强，观摩活动分为园内观摩和园外观摩，不同范围的观摩有不同的组织形式，并发挥着不同的功能与作用。

（一）幼儿园观摩式培训的必要性

观摩活动是在真实的教育教学现场活动中教育观念的外化与物化，是隐性教育思想与显性教育行为及教育环境的有机结合，观摩活动的情境性、动态性对观摩者和执教者都提供了丰富而生动的观察、思考与锻炼、成长的机会。

1. 观摩式培训锻炼了执教教师的心理素质与教育能力

很多教师都有这样的体会，当自己带班组织活动的时候很放松、很从容，一旦有人前来参观就紧张起来。如果是观摩集体教育活动，有的执教教师会语无伦次，甚至想不起来下一环节应该做什么。每个人都有青涩的时候，然而每位教师都必须学会面对公开活动，公开面对家长，公开面对同行，这对教师的心理素质是一个要求，也是一个锻炼。这一问题的解决方式没有捷径，只有通过多次亲身实践才能培养出淡定自如的心态。观摩活动的公开性还能促进教师严格要求自我、精益求精，教师在观摩活动前的深入思考、精心准备以及心理上的模拟预演，是教师集中精力整合已有经验、专业知识与专业能力的关键时期，是教师教育观念与教育行为融为一体的锻炼时期，因此，观摩式培训对执教教师具有提高专业发展速度的积极作用。

2. 观摩式培训锻炼了观摩教师的观察、研讨与反思能力

观摩式培训不仅为年轻教师学习和模仿骨干教师的教育技能与教育精神搭建了平台，而且有助于提升观摩教师的基本专业素养。观察、研讨与反思是幼儿教师应该具备的基本专业能力，观摩活动提供了"以他人为镜"的观察、研讨与反思机会，帮助教师摆脱狭隘的主观意识，克服自己先入为主的局限性，更加客观地认识一些教育现象，也更加清晰地理解一些教育观念，为自己提升教育实践能力奠定基础。与此同时，很多幼儿园会在观摩活动之前进行集体备课。在团队合作的氛围中，观摩者与执教者共同分析教育内容、研究幼儿特点、预设教育目标、设计教育过程、制作教具玩具、反思整个活动。观摩者以"身临其境"的方式全程参与观摩过程，大家共同提供的建议与帮助使观摩者的专业思路也得到拓展。

3. 观摩式培训有助于幼儿园形成务本求实的学习风气

园内观摩与园外观摩的侧重点有所不同。园内观摩强调人人参与、人人实践，可起到"内部练兵"的作用；园外观摩强调示范展示，如果是上级观摩，可能还具有检查、考核、验收、督导等管理性质，那么幼儿园一般会安排骨干教师和优秀教师承担观摩活动，可起到"外塑形象"的作用。现在有些地区的观摩活动发展得更有内涵，不但关注执教者的教育水平，而且还关注观摩者的研讨水平，执教者和观摩者同为现场观摩的两个主体，从而显示整个幼儿园的教研水平和教师专业发展状况。可见，幼儿园要想把园外观摩和上级观摩做得精彩，首先要在园内观摩活动上多下工夫，把观摩活动的主要功能定位在培训上，让观摩式培训呈现出以交流学习为主，注重思考、研讨、切磋，不以成败论英雄的局面，这样观摩活动中出现的问题就不是教师的"教育错误"，而是全体教师都积极思考的"教育现象"，这样才能营造出务本求实的研讨风气。

某幼儿园接到上级观摩任务，决定组织大班区域游戏观摩活动，执教教师开始认真做准备。因为区域游戏需要大量的操作材料，所以执教教师准备了很长时间，其他班级教师也提供了不少帮助。由于投放了很多新材料，幼儿的活动兴趣非常浓厚，到了最后的点评环节出现了这样的状况：幼儿依然兴趣盎然，不愿回到老师身边，老师开始着急，场面几乎失控。

在观摩评析的时候，执教教师心里很难过，认为最后点评环节没有完成的原因是观摩教师太多，幼儿太兴奋了。于是，大家就"如何将幼儿的注意力引向下一环节"展开了讨论。有的教师说，平时活动就需要注意培养幼儿的区域游戏常规；有的教师说，自己的经验是用夸张有趣的游戏情境吸引孩子；有的教师说，提供的新材料过多，幼儿只顾好奇摆弄了；有的教师说，幼儿不愿停止操作是因为他们的探索欲望没有得到满足，不必急于点评，可以让他们继续操作，等幼儿都完成作品后，再找时间点评；还有的教师说，点评环节可以在区域内进行，在已经完成作品的小组内进行，不必每次都采取集体点评的方式。观摩评析结束之后，上级领导和专家高度赞扬了幼儿园做实事、说真话、研究真问题的实事求是态度。

（二）观摩式培训扬长避短的方法

无论中小学还是幼儿园，只要是一线教育教学单位，都非常重视观摩在教师专业发展中的重要意义。但是观摩也常常遭到诟病，主要是因为观摩活动在组织、实施以及评价过程中出现了一些问题，只有发现并解决这些问题，观摩式培训的优势才能充分发挥出来。

1.不搞临时突击，使观摩活动制度化

幼儿园经常会承担上级安排的观摩任务，这些观摩活动具有上级检查考核的性质，或者示范园向其他幼儿园展示优势教育资源的性质，因而幼儿园会很重视，同时就可能存在临时突击的现象。临时突击其实是基本功不扎实的表现，也是管理缺乏制度化的体现。观摩活动是教师专业发展的必由途径，不管有没有上级检查，也不管有没有园外教师参观，幼儿园都应该建立有效的观摩制度，使所有教师每学期都得到锻炼。因此，观摩活动的发起不能是无厘头的拍脑门定决策，也不是领导一个人说了算的行政命令，有效的观摩活动务必是管理者与班级教师经过深入沟通，教师理解并接受且有始有终的制度化行为。与此同时，幼儿园还要突出强调观摩活动的研究与培训功能，为教师营造互教互学、反思自律的学习与研讨氛围；不能过于重视观摩活动的检查与考核功能，否则会影响观摩评析的研究性与同伴互助氛围。

某幼儿园教育教学观摩制度

1.目的

（1）观摩活动是为了促进教师专业发展，提升幼儿园教育质量。

（2）对观摩活动做出规定，达到观摩效果，确保幼教质量满足幼儿发展的需求。

2.范围

幼儿园所有教师，包括保育员及后勤相关岗位。

3.职责

（1）园长、副园长和保教主任是观摩活动的设计者与组织者，并参与观

摩活动的完整过程。

（2）园长、副园长和保教主任要在观摩活动中发挥专业引领作用，总结和反馈观摩活动中所反映的教师专业发展的成绩与不足。

（3）全园教研观摩公开活动每学期举行一次，全体业务干部和班级教师都参加。

（4）教研室制订观摩记录表与观摩评析表。

（5）所有教师都要承担执教活动，不得无故请假；所有教师都要准时参加观摩活动，不得迟到、早退。

（6）观摩现场认真观察，观摩评析积极发言，撰写观摩反思笔记，提倡教师自觉地实践优秀的观摩活动。

（7）执教教师与观摩教师共同参与观摩评析活动，互相尊重，平等互助，共同提高。

2. 不搞形式花样，使观摩活动常态化

观摩活动形式化是其遭到诟病的重要原因之一，它有两种具体表现：一种形式化表现为有的教师为了上好一堂观摩课，想方设法、兴师动众准备大量教具，或者过度依赖多媒体设备。有的教具非但起不了作用，反而会对观摩活动造成干扰。比如教师在导入环节往往会设置情境，以激发小朋友的兴趣。于是教师为每个小朋友精心制作了头饰，并为创设情境制作了"大树""森林""石头""花园"等，将活动现场布置得很精美，但主要体现在导入环节，后来用处并不多。而且由于头饰和场景过于新颖，幼儿的注意力反而容易分散。有的教师认为使用多媒体设备才够"现代"，有时没有必要却也使用多媒体，比如在不需要配音的时候为故事配音，在不需要扫描照片的时候扫描照片，甚至为不需要做课件的活动做课件。这不但耗费了教师大量的时间与精力，而且容易遭人质疑：如果不是观摩活动，老师也会这样精心准备吗？

另一种形式化表现为有的教师为了使教学观摩活动顺利进行，从全班幼儿中挑选出"听话"和"聪明"的幼儿进行活动，剔除"捣蛋""能力弱"和

"不爱发言"的幼儿，或者采取"分组教学"形式，让这些幼儿"被分组"出去，参加由另一位教师在室外组织的其他活动。这样，观摩活动"井然有序""效果很好"。这种做法剥夺了一些幼儿的学习机会，对他们造成歧视，可能致使这些幼儿产生自卑、逆反的心理，挫伤他们的自信心，不仅不利于和谐师幼关系的建立，有时还会引起家园冲突，给家长工作带来消极后果。

可见，观摩活动不搞形式花样，实事求是、实实在在，常态、公平、不作秀，才有利于教师的专业发展，才有利于幼儿园建设公正、公平的师德风貌。

3. 不搞终结评价，使观摩活动具有研究性

笔者曾经对幼儿园教师进行过匿名调查："你认为观摩活动有意义吗？你愿意接受观摩任务吗？"绝大多数教师都回答："观摩活动对一线教师是非常有意义的。"但是很多教师认为自己展示水平不够，不愿意接受观摩任务。即使有的教师接受了观摩任务，也是尽量避开困难和问题，选择自己有把握的内容或已有的成功教案；还有的教师为了获得好评，选择"表演"效果好的内容，并且多次提前"排练"幼儿，使观摩活动成为教师展示自我和幼儿展示技能的"表演"活动。这样的观摩活动变成了"观赏"活动，使执教者和观摩者都无从获取幼儿教育的"真经"，活动流于形式，失去了观摩应有的意义与价值。

为此，幼儿园业务管理者需要引领教师改变观念，发挥观摩活动的研讨与培训功能。在选择观摩对象时，不能只选择骨干教师和优秀教师，不能让教师以为只有优秀活动、成功案例才具有观摩价值，其实所有教师都应该在观摩活动中有执教的机会，观摩教师则本着相互学习、相互帮助、共同提高的态度观察教育现象、研究教育行为。管理者和观摩者不对执教者进行终结性评价，不随意否定执教者的教育行为，而是本着研讨的态度观察幼儿的学习行为和教师的教育行为，以整个观摩活动过程为背景探讨教育现象，把观摩活动建立在对具体问题的分析研究和实践策略探索的基础上，把旧有的评价式观摩转变为评析式观摩。观摩者与执教者之间不是评价与被评价的关系，而是共同参与分析与解决问题的研究伙伴关系，观摩者与执教者都本着提高自身专业水平的态度，客观地对待观摩活动中的真实问题，不回避难题，在相互切磋中共同成长。

（三）观摩式培训的种类与内容设计

幼儿园的各个岗位以及幼儿在园一日生活的各种活动和各个环节都可以设计为观摩式培训，如教育活动观摩、区域活动观摩、半日活动观摩、早操和户外活动观摩、环境创设观摩、保育活动观摩、家教活动观摩等。有时为了课题研究的需要，也可以设计专题观摩，如师幼互动观摩、教师提问与回应策略观摩、幼儿自主学习观摩等。在此，主要涉及幼儿园最为常见的教育活动观摩、区域活动观摩以及半日活动观摩。

1. 教育活动观摩

幼儿园有多种教育活动形式，教育活动观摩式培训特指幼儿园组织教师观摩有计划、有目的地设计、组织和实施的集体教育活动。幼儿园集体教育活动是幼儿园最常见的教育活动形式之一，在形式上犹如传统的上课，但是在内涵上发生了深刻的改变。原国家教委于1989年颁布的《幼儿园工作规程（试行）》取消了"上课"的提法，改为"教育活动"，并明确指出幼儿园应该"以游戏为基本活动"，而不是传统的上课。这个提法并不是文字游戏，而是在幼儿教育观念和教育策略上发生了很大的变化。传统的上课重视分科知识与技能的灌输与训练，现代的教育活动重视综合生活经验的主动建构与自主学习。因此，教育活动观摩就要体现现代的科学幼教理念。调查发现，集体教育活动主要存在以下几个问题：

（1）高度控制

教师以提要求、发命令、讲方法、做评价的方式与幼儿沟通，幼儿自主学习的空间很小。教师按照自己的预定计划控制整个活动过程，较少关注幼儿的反应，教育机智较少。

（2）急于求成

教师急于执行和完成预定计划，幼儿缺乏足够的操作、试误、思考与交流机会。

(3)包办代替

教师担心活动"不成功",担心幼儿"能力弱",总是代替幼儿说、做、想,活动缺乏挑战性。

(4)临时突击

没有观摩任务的时候,教师不主动自我锻炼;有观摩任务的时候,到处找"课"、临时拼凑。有的教师为了"创新",选择一些"新""奇""特"的活动内容,却脱离本班幼儿的已有经验以及实际生活需要。

(5)常规不稳

教育活动效果与幼儿生活常规和习惯养成教育密切相关,诸如在集体活动中培养幼儿良好的倾听习惯,让幼儿在教育活动中"活而不乱",正确对待不遵守常规的幼儿,等等,都需要教师把工夫下在观摩活动之外,在日常带班过程中提高班级管理能力和养成教育能力。

在观摩式培训的设计、组织、实施以及研讨、评析过程中,业务管理者可以引领教师关注以上主要问题,以利于提高培训效果。

2. 区域活动观摩

很多新教师在适应期会觉得设计与实施集体教育活动很难,可渐渐发现设计和指导区域活动更难,这是因为相比而言,教育活动偏"显性教育",区域活动偏"隐性教育"。"隐性教育"要求教师将计划性和目的性都隐藏在区域活动材料与区域环境创设之中,幼儿在游戏、操作、探索、体验、同伴交往过程中自主建构学习经验和人际交往经验。而且区域活动作为幼儿的自主活动,教师投放的活动材料要有趣味性、发展性和个体差异性,还要根据幼儿的发展水平进行更新与调整,区域活动的价值是集体教育活动所不可替代的。根据调查中所发现的区域活动存在的主要问题,可以引领教师在以下几个方面加强关注与提升。

(1)区域设置与开放

语言区、图书区、建构区、美工区、角色区、表演区、益智区、科学区等各个区域具有不同的教育价值,因此班级的区域设置要齐全。设置了区域就要让幼儿入区游戏。调查发现,有的班级遇到检查和观摩的时候会开放所有区域，之后就关闭某些区域。同时，区域活动开展的时间也要充分。观摩中发现教师最初介绍材料和最后点评活动占用时间过长，导致幼儿区域游戏时间玩了20分钟就草草结束，幼儿自主游戏的愿望没有得到充分的满足。

（2）材料投放

在材料投放方面，教师首先要注意幼儿的年龄特点，比如小班要注重同一种材料数量充足，中班要注重材料的探索性，大班要注重材料的挑战性与合作性。其次，还要体现层次性，给能力和兴趣不同的幼儿投放不同的材料，比如为能力强的幼儿提供开放性材料，为能力弱的幼儿提供半成品以及操作示意图，帮助所有幼儿都在自己的原有水平上有所提高。同时，区域材料的安全性、环保性以及废物利用、一物多玩都需要关注。投放得较好的区域材料还与幼儿的一日生活相联系，比如中班幼儿需要学习使用筷子，那么可以在益智区投放夹豆、夹纸球的材料，在美工区投放筷子的创意制作材料，在图书区投放相关的资料与书籍等；大班幼儿需要掌握时间概念，教师除了组织教育活动以外，还可以在美工区投放时钟的制作材料，在科学区投放认识时钟的操作材料，在角色区挂上一个时钟供幼儿角色游戏使用。

（3）区域指导

我们经常会看到一些教师在区域活动中充当着"技能的传授者""纪律的维持者""矛盾的调节者"角色，东走走、西看看，不仔细观察幼儿的活动情况，对不同年龄段、不同区域的活动内容把握不准，难以进行有效的指导。有的班级在区域创设上追求数量与形式，以为区域多比区域少好，材料多比材料少好，表面上看似丰富，实际上幼儿活动盲目，停留在好奇地摆弄材料阶段，而不是深入地对材料进行探索，这也与教师的区域指导水平有关。有的教师对幼儿观察不仔细，一味地放任自流，玩成什么样就是什么样，缺少适时的介入、指导和到位的评价。有的教师则干预过多、限制过多，幼儿在选择区域、材料、玩法、玩伴等方面都不够自主，不利于充分发挥区域活动的教育价值。

3. 半日活动观摩

幼儿园半日活动观摩一般都会选择上午从入园至午饭（或者午睡）的时

间段，涵盖了生活活动、区域活动、集体活动以及户外活动等诸方面的内容。半日活动观摩时间较长、内容较多、环节较全，基本反映了带班教师半日活动各个环节的组织与教育能力，可见，组织半日活动观摩很有必要。由于生活活动、区域活动、集体活动以及户外活动都可以单独设计为观摩内容，分别体现各自的教育内容与教育特点，所以在此强调半日活动的整体性及其需要关注的问题。

（1）环节设计

一般情况下，班级半日活动的环节安排会与幼儿园的统一安排相一致。班级的环节设计则体现为在此基础上，班级教师应根据所处方位不同、空间布局不同、每天组织的活动不同以及教师的个人风格等因素，对班级半日活动有所设计与调整。比如班级最近在实施综合主题教育，为实现活动的统一性以及核心经验的有效迁移，教师把教育活动与区域活动连成一个完整的时间段，喝水、如厕、早操和户外活动等环节可能与幼儿园的常规安排有所不同，但是会采取相应的措施予以解决，比如鼓励幼儿喝水与如厕自主自助，顺延半小时或者一小时再出去做早操和户外活动，等等。在餐桌的安排上，有时将餐桌放在离盥洗室较近的地方，有时将餐桌放在离班级大门较近的地方，只要教师是为幼儿着想都是合理的。但在调查中发现有的教师在环节设计上主要考虑自己"干活方便"，而不是幼儿活动方便，那么这就是有问题的。因为环节设计要突出"以幼儿中心"的原则，而不是以教师为中心。

（2）环节过渡

过渡环节是指幼儿一日生活中各项活动之间的衔接转换，它是非正式的、自由活泼的。过渡环节作为一种独特的教育资源，隐含着丰富的教育价值。幼儿园过渡环节较多，喝水、洗手、如厕、换衣服、穿脱鞋等生活环节在半日活动中多次穿插，如果过渡环节自然、有序，教师就会感觉半日活动放松自如；如果过渡环节忙乱、嘈杂，教师就会感觉半日活动紧张无序。因此，过渡环节虽然时间短，却很考验教师的组织管理水平和养成教育能力。教师要善于把握哪些是必要的过渡环节，哪些是不必要的过渡环节。环节转换要根据幼儿在活动中动静结合、身心调剂的需要，而不能只考虑教育教学活动转换的需要。过渡环节如果自由松散，幼儿活动频繁，还容易出现安全问题。有的教师因为怕出事而过多限制幼儿，导致过渡环节高控；有的教师为了赶时间进入下一环节，不断地催促幼儿，导致过渡环节紧张，这些问题都需要在观摩及评析中加以关注。

（3）常规培养

幼儿园常规是指幼儿需要经常遵守的规则和规定，包括生活常规、游戏常规、学习常规等一日生活各种活动中幼儿都应该遵守的基本行为规范，需要教师常抓不懈。《纲要》明确指出："幼儿园日常生活组织，要从实际出发，建立必要的合理的常规，坚持一贯性、一致性和灵活性的原则，培养幼儿的习惯和初步的生活自理能力。"常规培养容易出现管则限、放则乱的状况，还容易出现负面教育方式。因此，在半日活动观摩中，业务管理者一方面要引领教师关注班级常规收放有度的状况，另一方面还要引领教师关注常规教育方法，尽量减少或者避免负面教育方式，采取耐心引导、榜样激励、表扬强化、儿歌巩固、环境育人、家园共育等正面教育方式，帮助幼儿逐渐养成健康、文明的好习惯等。

（四）观摩式培训的程序与组织过程

观摩活动可以组织得很简单，也可以组织得很系统。简单的观摩活动仅是一位教师执教、其他教师观摩即可，观摩之前无集体备课，观摩之后无集体研讨，现场活动看完就结束了。这种走形式的观摩活动浪费了观摩式培训的资源，教师从中获得的收益较少，甚至还给教师增添了工作负担。系统的观摩活动不仅关注现场活动，在观摩之前还会做大量的铺垫与准备，观摩之后还有研讨反思和进一步的实践活动。现场观摩只是观摩式培训的一个环节，观摩式培训则是一个过程，教师在这个过程中迈开了坚实的专业成长步伐。

1. 前期准备

如果幼儿园的观摩活动已经形成工作制度，那么对于业务管理者而言，观摩活动的前期准备主要涉及三项内容：选择执教教师，安排观摩方式和组织集体备课。观摩活动应该是全体教师都参与的常规工作，骨干教师、老教师、年轻教师、新教师可以轮流执教、轮流观摩,这种园内练兵式的观摩活动要营造包容放松的学习与研讨氛围,目的是促进教师专业发展,而不是一比高下的考核与评价。如果有对外接待的观摩活动,幼儿园可以选择近期被大家一致认可的优秀活动,直接对外展示交流;也可以鼓励教师自愿报名,设计创新活动,在园内展示并调整之后再对外交流;有的骨干教师比较成熟,专业发展水平高,可以直接对外展示交流。

在安排观摩方式上,主要是协调观摩时间与带班时间的矛盾,确定观摩教师的数量与规模。如果园所规模不大,观摩期间教师出勤率高,那么教师可以轮流观摩小班、中班、大班的活动。如果园所规模较大,那么教师可以主要观摩本年龄段平行班级的活动。

组织集体备课首先要营造民主的、平等的、互动的和谐氛围,激发执教者和观摩者在团队的有效协作中碰撞出智慧的火花。执教者说课之后,鼓励观摩者发表补充意见,全体讨论后确定一个适宜的集体备课方案。需要注意的是,观摩教师的想法与建议可能很好,但也会众说纷纭,不利于执教教师整合意见。而且执教教师应该是备课的主人,不可能完全吸纳别人的想法,因此当执教教师无法理解和接受别人的思路与建议的时候,业务管理者不能施加压力或者表达失望之意,而要理解和尊重走在专业发展之路上的教师。

2. 现场观摩

不管是园内观摩还是园外观摩,观摩与培训活动都很多。教师学习的机会多了,但是困惑也多了。无论示范课、优质课、展示课、汇报课、公开课还是评比课、选拔课,各种活动都是内容多样、形式花哨,场面气氛热烈,令观摩教师眼花缭乱。教师在参与观摩活动时,一贯忙于记录,而现在记录的设备又增多了,于是观摩教师开始全程摄像,尽量把执教教师说的、幼儿回答的完整过程"原汁原味"地记录下来。然而在忙于记录的同时,观摩教师也忽略了很多需要细致观察与思考的宝贵细节。当评析活动的时候,大家东说一句西说一句,都有一定的道理,却难以围绕核心内容进行评析。这是许多幼儿园在观摩活动中值得思索的一个问题。

从观摩教师的角度而言,必然会接收来自执教现场的丰富信息,除了观摩活动本身的内容、形式以及教育设计与组织实施过程以外，还有来自执教者的教龄、教育经验、教育风格、教育机智、教师提问与回应幼儿的方式方法等，以及来自幼儿的年龄特点、个性特点和班级特点等。每一个因素都值得关注，每个观摩者的关注角度也是因人而异的，这对个体教师的专业发展具有一定的积极意义，但同时也存在着关注点位过于分散，不利于围绕教研主题进行观察与研讨的问题。因此，幼儿园业务管理者在组织园内观摩的时候，需要明确观摩活动的主题，执教者设计活动以及观摩者的观察与思考活动都围绕主题进行。为此，业务管理者需要提前与教师共商观摩主题，引领教师进行相关主题资料的收集与学习，还可以设计现场观摩记录表，引导教师有目的、有意识地进行观察。比如如果把"教师适时地介入区域游戏的策略"作为区域活动观摩主题，那么业务管理者在观摩活动前就可以带领教师进行区域游戏指导策略的学习，并指出教师容易出现的误区以及适宜的指导行为，然后再设计一个现场观摩记录表（见表6），帮助教师有准备、有选择、有目的地参与活动，观摩教师也能有意识地带着自己的困惑和经验参与到活动的观察、思考与研讨中。

表6 区域活动观摩记录表——教师适时地介入区域游戏的策略

观摩班级：_____ 执教者：_____ 观摩者：_____ 时间：_____

区域	教师介入的时机	教师介入的策略	幼儿的回应	效果评析
美工区				
建构区				
表演区				
益智区				
科学区				
其他区				

3. 同伴研讨

观摩活动结束之后及时组织同伴研讨，是必不可少的一个环节。从说文解字的角度而言,"观"为看,"摩"为相互切磋,"观而不摩"的活动草草结束,既不尊重执教教师的劳动,又降低了观摩活动的效果。观摩中,观摩者带着共同的目标、不同的经验与视角进行有目的的观察活动,为接下来的研讨活动提供了更为客观的对话点。观摩后,观摩者和执教者围绕共同的目标进行研讨。观摩教师是一个群体,她们会带来多视角的观察、思考与反馈,既有益于执教者调整教育观念、丰富教育策略,又为教师营造了群体研究的氛围,引发了更多教师主动尝试、深入探究的兴趣,提高了观摩活动的实效性。

某幼儿园承担了一次面向所属区域的教学公开活动,活动程序是先参观幼儿园环境,然后在执教班级观摩教育活动,最后集中在多功能厅进行研讨,园外60多人前来参观。执教老师组织完公开观摩活动,安顿好孩子,就急急忙忙地往楼上跑。她很想与同行们分享自己的经验和心得,同时也存在着许多困惑与不足,希望能和大家一起探讨。然而,许多观摩活动的老师已经匆匆地结束了此次行程。沿途,她听到一些老师正在交谈:"研讨太深奥,不听也罢!""我可不会说,还是早点走算了。""研讨是专家的事,我们参加不参加无所谓。"执教老师心底不由得产生失落情绪,她觉得作为一名教师,在教学生涯中能组织观摩活动的机会并不是很多,每一次机会都是弥足珍贵的,它对于促进教师的专业成长有着不可替代的作用,因此,她很想与大家一起有所分享。这其中受益的绝非执教者一人,参与者也一定会有所思、有所获。大家可以一起发挥聪明才智,相互拓展思路,共同提升能力。可是,"观而不摩"的活动只剩下结果,而没有了过程;只剩下了热闹,而没有了思考。

4. 自我反思

自我反思是有效的观摩过程中不可缺少的一个环节。观察发现,很多教师都喜欢反思,却不喜欢写反思。反思是一种思维活动,与观摩活动相伴相随。不少教师在集体备课、现场观摩以及观摩研讨中都能保持思维活跃、表达流畅,但是一写反思,就开始出现"心中有、笔下无"的烦恼,不知从何写起。书面表达与口头表达一样都是锻炼出来的能力,教师平时口头表达机会多,所以口语水平高;只有增加书面表达的机会,写反思的能力才能提高。

著名教育家朱永新教授为了鼓励教师专业发展，在网上开办了"教育成功保险公司"，保期10年，金额不限，投保条件就是"每日三省吾身，写千字文一篇"。教师如果坚持每天写教育随笔1000字，坚持10年写成3650篇，字数达365万字，还不能成为教育家的话，教师之前如投保1万，他愿赔付100万。这表达了一个教育家对教师的恳切希望与鼓励。

调查发现，很多教师的反思笔记言之有物、"货真价实"，但也有一些教师的反思笔记存在两个问题：一个问题是反思止于笼统。有的教师描述了观摩活动之后，简单地总结一句"收获很大""深受震撼"之类的话就结束了，需要在"收获什么""震撼什么"等方面进一步加强有具体内容的、深入的反思，才会在专业思考上更有收获；另一个问题是反思止于抒情，诸如"幼儿教师真辛苦""我自豪我是一名幼儿教师""感谢园领导给了我一次这么好的学习机会"，等等。观摩活动确实让人情绪高涨、精神愉悦，抒情也是有必要的，但是专业反思要突出理性思考，而不能以一句抒情草草结束反思笔记。

5. 亲身实践

亲身实践反映教师专业自主发展的行为。有的教师观摩活动之后激情澎湃、思维活跃、趁热打铁，回班就想尝试自己在观摩过程中的所见与所思。她们要么直接模仿别人的教案给自己班的幼儿也开展一次教育活动；要么借鉴别人的思路再稍加改编，然后组织实施一次教育活动；要么整理拍摄的观摩资料，为班级区域活动增添新的游戏材料；要么加强学习丰富自己的专业知识……但凡把工夫下在平时的教师，都将成为骨干教师。正如蜚声世界的教育家苏霍姆林斯基所讲的一个发人深思的故事："一位教师上了一堂极为成功的公开课，他的每一句话都有着极大的感染力。当听课的教师问他备这节课花了多长时间时，他回答说：'这节课我备了一辈子。而且总的来说，对每节课，我都是用终生的时间来备的。不过，对这个课题的直接准备，或者说现场准备，只用了大约15分钟。'"幼儿教师的专业发展亦是如此。

(五) 幼儿园观摩式培训方案示例

教育活动观摩是幼儿园观摩式培训最频繁的观摩内容，"一课多研"又是目前许多幼儿园乐于采取的教育活动观摩方式。"一课多研"通常有两种表现形式：一种是多个教师设计与实施同一教育内容，另一种是一个教师多次执教同一教育内容，两种"一课多研"的形式都是在集体观摩与研讨过程中多次切磋、多次尝试的结果。教师边观摩、边研讨、边思考、边实践，对同一教育内容反复进行多角度的尝试与调整，有利于教师的专业发展。在此以"一课多研"第一种形式为例，展示一个比较完整的培训方案。

"一课多研"园本培训

1. 培训的背景与缘由

三年来，幼儿园一直在进行科学教育园本教研，多元的教育观念开拓了教师的思路，也为教师整合多元教育观念带来了困惑。本次观摩式培训采取"一课多研"的形式，鼓励教师采取不同的教法，进而研讨不同的教法对幼儿学法的影响，提高教师的教学认识水平与教育实践能力。

2. 培训主题

选取三个中班教师尝试同一主题的科学教育观摩活动——有趣的沉浮现象。

3. 培训目标

引领教师研讨教法与学法之间的关系。

4. 培训准备

鼓励全体中班教师设计"有趣的沉浮现象"教案，最后选取三个教案参加观摩活动。

5. 现场观摩

第一位教师采用了"演示法"，即教师把验证沉浮现象的物体陈列出来，幼儿逐一认知之后，由教师操作给幼儿看，幼儿可以很清楚地看到老师从小筐里拿出的物体有的沉下去，有的浮上来。最后，教师带领小朋友得出初步的结论。第二位教师采用了"猜测法"与"实验法"，即教师先让幼儿猜一猜哪些物体能浮起来，哪些物体能沉下去，然后幼儿分组做实验，以验证猜测是否正确。最后，教师带领小朋友得出初步的结论。第三位教师看了前两位教师的教法之后，临时做了调整，在第二位教师的教学过程之后又加了一个环节，给幼儿提供了一些实验材料（如橡皮泥），让小朋友动脑筋想一想并亲自操作怎样让同一物体既能浮上来又能沉下去。

6. 同伴研讨

三位教师"一课多研"的观摩活动结束之后，引起教师的热烈讨论。大家对三位教师的精彩之处都做了肯定，同时也更加明确地理解了一些教育观念。第一位教师的活动程序很流畅，幼儿常规很好，幼儿观察得也很专注，演示结果显而易见，但是教师对活动具有高控性。第二位教师不是让幼儿"看结果"，而是先"猜结果"，一字之差却反映了两种不同的教育观念："看"是把幼儿当作被动的接受者，"猜"则把幼儿当作主动的参与者。幼儿通过猜想、实验、验证、交流的过程，自己建构着沉浮概念，但是活动场面有点乱，还需要增加幼儿的科学活动经验。第三位教师在第二位教师的基础上又增加了经验迁移的过程，幼儿的活动兴趣非常高涨，竟然发现了那么多有效的沉浮方法，可见幼儿的学习很有效，进步很明显。对此，观摩教师都很惊讶。

7. 自我反思

执教者写执教反思，观摩者写观摩反思。

8. 亲身实践

鼓励教师回班实践自己的收获与反思。

四、结对式培训

结对式培训，是指幼儿园老教师或骨干教师与新教师或年轻教师采取一对一结对子的方式，在实际工作中进行传、帮、带，促进双方教学相长，加快教师专业发展的一种形式。幼儿园名师培养骨干教师，骨干教师培养新教师，以及示范园与其他幼儿园结对帮扶，由示范园教师一对一培养结对幼儿园教师，都是目前幼儿园结对式培训经常采取的方式。这种方式对于名师和骨干教师传播优秀经验，以及示范园辐射自身的优势教育资源，都具有非同寻常的意义。

（一）幼儿园结对式培训的必要性

结对式培训突出手把手的岗位培训和一对一的师资培训，是幼儿园新教师学习岗位基本要求的基本途径，也是锻炼骨干教师专业发展的有效途径。

1. 结对式培训是幼儿园新教师专业发展的必由之路

幼儿园经常会遇到师资力量欠缺、新教师无法很快胜任工作的困难，虽然幼儿园都有具体的岗位职责、教师一日工作流程以及工作指导手册之类的规章制度和工作指南，但是对于一个初来乍到的新教师而言，以上翔实的资料依然会有未尽翔实之处，仅靠看看书、读读资料是学不会带班的，毕竟许多工作要求、工作制度以及工作方法都在实践中存在着，需要新教师跟随老教师去实际观察、动手操作和亲身体验，才能把自己在学校储备的专业知识转化到岗位职责要求之中。因此，结对式培训是幼儿园师资队伍新老交替、继往开来的必由之路。

一位新教师说："工作之后才发现自己以前对幼教的认识非常浅薄，以前只是认为喜欢孩子、带好孩子就可以了，幼儿教育是一个轻松快乐的工作。上岗之后深切地感受到幼教工作非常琐碎，教师承担了许多责任和压力。教师不仅要保障孩子的安全，培养孩子形成好习惯，还要学会管理班级，学会课题研究。此外，教师还要撰写很多资料，除了学期计划，还有平日的教案、个体观察记录、教育笔记、教研方案以及期末时需要上交的资料。不管是初次带班还是初次撰写这些资料，我都很迷茫，不知从哪儿下手。张老师把每件事都详细地告诉我，她不但要做自己的工作，还要提醒我、指导我；不但要照看孩子，还要照看我带班，我像一个大孩子一样得到她的关照。她为我说了很多很多话，为我盯了很多很多事，她实际上做了两份工作。一年来，我对'感谢师恩'又多了一份理解。虽然张老师总说大家都是同事，但其实她是我的师傅，是我的导师，她让我心里有底，在启程的路上不再害怕、不再担心……"

2. 结对式培训是锻炼骨干教师成长的有效途径

岗位练兵、师傅带徒，幼儿园师资队伍不断更替，对"师傅"的需求是长期存在的,但并不是所有教师都具有"师傅品质"。"师傅"不但需要具备丰富的工作经验和专业知识,更要具备善解新人的同理之心、严于律己的自律精神以及诲人不倦的无私品格。调查发现,有的教师虽然教研能力一般,但是工作踏实、为人朴实、热心助人、宽宏大度,非常适合做师傅来带徒弟。有的骨干教师业务能力很强,认真做自己的事情,但是个性清高,对别人的工作不关心,对带新人没耐心,不善于与人合作,未必能胜任师傅带徒弟的职责。因此,幼儿园从优化师资队伍、培养骨干教师的角度而言,一方面需要"选择"好师傅,另一方面还需要"培养"好师傅。培养老教师、骨干教师具备"师傅品质",不仅有利于幼儿园培养新人,还有利于骨干教师的人格成长与专业发展。

(二)结对式培训扬长避短的方法

结对式培训是幼儿园非常有必要的培训方式,但是在实施过程中也难免会遇到一些问题,需要幼儿园加以关注并想办法解决。比如有的新教师不但业务不熟练,而且为人处世也不成熟,不够礼貌,眼里没活儿;有的新教师在学校时比较松散,来到工作氛围紧张的幼儿园,还会带着一些散漫的不良习惯,加之人们先入为主地对"90后"贴负面标签,这些都有可能导致老教师对新教师带有偏见。有些老教师也是很有个性的,比如看不惯的事情比较多,或者对自己的老资格具有优越感,说话直爽,让人听起来不舒服;个别老教师对自己要求不够严格,总是希望得到别人的关照,这些"小毛病"都容易给人带来压力。新老两代人在观念、态度以及性格、个性方面的差异,会给人际关系带来一些矛盾,这些"小矛盾"从表面上看与岗位职责没有直接关系,但在事实上会影响师徒结对的效果。因此,幼儿园不能把新教师交给师傅就完事了,还要加强相关的管理与培训,这样才能真正发挥结对式培训在园本培训中的优势。

1. 管理育人,选拔师傅与培养师傅相结合

新教师和年轻教师的专业发展需要有人带、有人帮,传、帮、带的师傅对她们掌握业务能力、端正职业态度都有非常重要的影响。很多幼儿园认为

新教师熟悉工作要求是最重要的，她们能否独立带班是首先需要解决的实际问题，这种想法是可以理解的。但事实上，每个教师都是在用"职业态度"带班，而不仅仅是用"工作流程"带班。因此，师傅的工作经验很重要，工作态度则更重要，尤其是热爱幼教、严于律己、诲人不倦的职业态度会渗透于每一天工作的每一个环节，甚至工作之余的闲谈交流。与此同时，新教师职业生涯刚刚开始，人生阅历也尚浅，她们有许多"空白"需要填写，与她们共同填写"空白"的师傅越是充满正能量，她们的内心就越是充满正能量，所以为新教师选拔好师傅非常重要。但毕竟社会不是一个真空世界，幼儿园也不是与世隔绝的真空世界，如果遇到"负能量"，幼儿园应该发挥管理育人的积极效应，对师傅和徒弟都加强教育，引领所有教师充满"正能量"，让幼儿园不但是幼儿成长的乐园，也是教师成长的乐园。

小刘毕业后跟随大李老师开始第一年的工作，一个学期之后，两人有矛盾并反映到园长那里。大李老师认为小刘太自我，一下班就走，班里什么事情都不管；还认为小刘工作没热情，叫她做点什么工作，态度上没有什么反应，不知道她是乐意做还是不乐意做，但乐意不乐意都得做啊，所以带这种年轻人太累。小刘认为自己没迟到、没早退，下班时间走人，没有错误。至于工作态度，小刘说自己不是不热情，而是大李老师的说话方式令人难以接受。每当保教主任检查工作的时候，大李老师说这是她做的，那也是她做的，好像自己什么都没做；如果领导发现问题了，大李老师立即转向她问："刘老师，孩子吐了，你怎么没打扫呢？"小刘说，其实当时是自己的备课时间，不是自己当班，自己又不想申辩，只好憋在心里，干活不累但感觉心累。

园长调查清楚之后，与两位教师分别谈话。首先充分肯定了她们合作一学期以来，孩子有进步，家长也满意，班务工作有序，但相互之间要增进理解，并做自我调整。园长与小刘着重分析了幼教工作特点："幼儿教育是为人的成长服务的，不像工厂用机器生产产品，工厂到点就可以关机器，机器不会有问题；但是幼儿园到点未必就能关灯下班，如果有家长延迟一会儿接孩子，或者有孩子出现磕碰问题需要处理，老师都得晚走一会儿，一切安顿好之后才能下班。幼教工作就是这样，我们需要调整自己，尊重幼教工作的特点。"园长与大李老师则着重分析了新教师的成长特点，她们需要肯定与鼓励，她们很不愿意自己的工作出现问题，一旦遇到问题就希望老教师与她们一起解决……经过园长的谈话和双方的自我调适，第二学期大李与小刘不但合作顺利，而且都进一步感受到了对方的优点和彼此的关心与照顾。

2. 建章立制，促进师徒双方各尽其责

毋庸讳言，在日常工作中有的师傅主要是自己尽心工作，但对指导徒弟会心存顾忌；如果徒弟用心观察、悟性较好，那么徒弟适应入职过程就快，如果徒弟性格大大咧咧，又不善于学习，就容易出现工作状况，甚至两人还会产生矛盾。可见，结对式培训需要建章立制，一方面为师徒双方的工作需要提供保障，另一方面还要为师傅和徒弟分别明确相应的责任、义务与权利，避免师徒双方仅凭自己朴素的主观意识来理解工作职责，这是结对式培训发挥长效机制的关键。

幼儿园结对式培训工作制度

1. 结对式培训是幼儿园培养新教师和年轻教师的基本工作制度，所有教师都有责任为新教师和年轻教师的专业发展提供支持与帮助，幼儿园有权利安排园内或者园外的师徒结对式培训任务。

2. 师傅的主要职责和权利

（1）率先垂范、以身作则、严于律己，为徒弟树立学习的好榜样。

（2）知无不言、言无不尽、诲人不倦，指导和敦促徒弟严格遵守工作制度，把培养新教师作为自己应尽的义务。

（3）制订带教计划，工作过程中客观分析与评价徒弟的优势与不足，并以此调整带教计划与带教方式，期末总结带教任务完成的情况及下一阶段的工作目标。

（4）每月为徒弟开展两次示范活动，内容涉及教育活动、区域活动、常规培养、班级管理、家长工作等各个方面，切实帮助徒弟提高实际工作能力和水平。

（5）认真记录与反思带教工作内容，及时鼓励徒弟的成长与进步，善于发现徒弟的潜能，相互学习，做到教学相长。

（6）有权享受结对式培训岗位补贴。

（7）与徒弟相互关心，相互帮助。

3. 徒弟的主要职责和权利

（1）热爱工作，爱护幼儿，遵守幼儿园各项规章制度，严格要求自己，对待幼儿、家长和同事文明有礼。

（2）认真钻研业务，谦虚好学，主动向师傅请教，尊重师傅的劳动与付出。

（3）配合师傅的带教计划，制订自己的学习计划，善于反思师傅的意见与建议，加强自我教育。

（4）认真观摩师傅的示范活动，主动邀请师傅和保教主任指导自己设计与组织教育活动、区域活动、半日活动及相关工作。

（5）按时完成教育教学反思、案例和论文，在实践中不断提高理论联系实践的能力。

（6）发挥年轻教师的优势，主动学习，大胆创新，积极为幼儿园的发展和改进工作进言献策。

（7）与师傅相互关心，相互帮助。

3. 关心师徒，业务管理者加强跟进指导

对新教师进行结对式培训主要依托岗位练兵，在"两教一保"的班级配置中，老教师、新教师和保育员形成一个教学相长的合作共同体，使得班级工作既有老教师的成熟与稳重，又有新教师的清新与朝气。与此同时，业务管理者还要关心师徒结对工作的状况，不能把培养新教师成长的重任交给老教师就不管不问了。业务管理者要定期或者不定期地了解师傅带教工作的进展，了解新教师入职适应的主观感受与业务能力的发展，亲自指导新教师的相关工作。如果师徒双方遇到工作困难或者工作分歧，业务管理者要一视同仁，善于调解，加强跟进指导，帮助师徒双方在分析与解决问题的过程中获

得专业发展。

4. 专项结对，集体带教与个体带教相结合

"金无足赤，人无完人"，这是一个客观规律。幼儿园可以发挥集体环境的优势，优化管理策略，把集体带教与个体带教结合起来，突破个体带教可能存在的局限性。由于新教师和年轻教师的专业发展空间很大，她们是未来骨干教师的储备队伍，幼儿园可以利用组织机构的管理优势，为她们的近期成长与长远发展制订一个系统的、可持续发展的规划。幼儿园可以发动新教师和年轻教师制订个人专业发展规划，指导她们分析自己的优势与不足，了解自己的兴趣爱好以及专业发展需求，为自己提出更高的要求，制订一个敦促自己不断进步的三年（或五年）专业发展计划或者职业生涯规划。与此同时，幼儿园可以根据现有的骨干教师队伍，分析骨干教师的专业特长，鼓励骨干教师与年轻教师进行专项结对，指导年轻教师在某一工作领域提高专业能力，这种结对可以跨班级、跨年级，在全园范围内自愿进行。骨干教师在传、帮、带中可以进一步形成自己的特色与风格，年轻教师在学习观摩中可以强化自己的特长，提高自我认识。可见，这也是一个教学相长的过程，发挥了园本培训的积极作用。

某幼儿园在师资队伍发展规划过程中，已经建立了教师专业成长档案制度。这是一个基于自我分析的教师成长计划，可以清晰地反映教师主动学习、大胆探索、积极进取的专业发展足迹。新学期伊始，该幼儿园出台了新的教师培养方案，倡导所有教师根据《纲要》五大领域分析自己的专业发展优势与专业发展需求，组成全园领域研究大组，由市区骨干教师担任大组主持人或者指导教师，带领本组教师定期举行教育教学活动观摩、集体备课、集体研讨，所有新教师和年轻教师会在大组内部得到一对一的专项结对指导。这样，她们既能在班级岗位中得到带教师傅一对一的结对指导，也能在大组教研中得到骨干教师的专项结对指导。集体带教与个体带教相结合，有效地促进了教师的专业发展。

（三）幼儿园结对式培训方案示例

小一班第一学期结对式培训工作计划

新学年我做小一班班主任，副班是一位应届大专毕业生左老师，保育员是我的老搭档崔老师。以前我曾经带过新教师，有过一些经验，现在根据幼儿园结对式培训工作制度与要求，制订本学期新教师培养计划。

首先我与左老师谈话，对左老师做些了解，并进行一些基本的指导。左老师是"90后"，独生子女，本地人，性格比较文静，爱笑。幼儿和家长都喜欢爱笑的老师，我上次带教的也是一个"90后"老师，长得很漂亮，但是不爱笑，为此我没少提醒她。现在需要对左老师特别提醒的是，注意小班幼儿的年龄特点和小班的工作特点。小班幼儿开学初分离焦虑比较严重，除了早上来园以外，午饭和午睡时分也会哭得比较厉害，因此开学初班级三位教师几乎不能按时吃饭、按时下班，等幼儿安稳之后才有时间吃饭和休息。因此，左老师会比她分在中班的同班同学付出较多，需要做好思想准备。同时，还要指导左老师消除思想顾虑，不是因为她的能力弱才被分到小班，也不是因为小班的教学内容更加简单，幼儿园不是以知识难度来划分教育教学难度的，关键是对幼儿年龄特点的把握和教育教学的设计与组织能力。

本学期培养新教师的核心任务是手把手跟进指导新教师熟悉岗位的基本要求，主要工作内容与安排如下：

（1）严格要求自己并指导新教师严格要求自己，遵守幼儿园的一切规章制度。

（2）以身作则，为新教师示范一日工作流程，边示范边讲解，并鼓励新教师主动提问，解答她没有看懂或者我没有讲解清楚的地方。

（3）对于新教师而言，掌握安全教育内容和方法最重要。由于安全教育细节很多，主要采取随时提醒的方法，根据现场情境指导新教师认识安全教育的重要性及其方法。

（4）每隔一周为新教师做一次示范性教育活动，新教师每隔一周向师傅展示一次教育活动，师傅示范与徒弟展示交替进行，徒弟每次都要及时写反思笔记。本学期教育活动主要涉及集体教学活动与区域活动指导。

（5）以诚待人，尽心尽力指导新教师写月计划、周计划、日计划和教学计划，帮助新教师参加学期末全园新教师教学展示活动。

（6）在家长工作方面，每月一次的家长开放活动，由我设计和组织，左老师辅助实施。本学期安排左老师至少与三位家长交流幼儿在园生活和家庭教育情况。

（7）鼓励新教师表达自己的意见与建议，及时反馈新教师取得的进步，有问题也不遮遮掩掩，及时向新教师指出，一切从工作需要出发，一切为了幼儿的健康成长。

（8）做好培训工作记录，工作总结以及新教师成长状况评价。

（9）服从幼儿园的相关安排和临时任务。

五、展评式培训

展评式培训，是指幼儿园通过教师公开展示自己的思想认识、教育活动、才华能力、文字资料等，促进教师在相互了解的过程中加强自我评估、自我勉励，激发教师自我提高的积极性与自觉性的培训活动。展评式培训重在创造一个公开展示的机会，发挥教师"印象管理"的上进心，激励教师严格要求自己、自我修炼。印象管理（Impression Management）是人人都有的自我管理心理，是指一个人通过一定的方式影响别人对自己形成某种印象的过程。一般情况下，人人都有在他人心中留下好印象的心理需求，幼儿教师更是如此。在幼儿园集体活动中展示自己良好的形象，是获得他人对自己的好印象、好评价的关键时机。

（一）幼儿园展评式培训的必要性

展评式培训打破了教师以各自班级为阵、"单打独斗"的封闭格局，为教师搭建了公开交流以及展示自我的平台，促进教师既相互学习又加强自主学习,有利于幼儿园形成开放性的学习型组织。

1. 帮助教师增进相互了解与相互学习

幼儿园有很多班级,班级教师的工作具有相对的独立性,也具有一定的封闭性,大家都在各自的岗位上兢兢业业,"看不见"其他班级教师是怎么带班工作的,也很少有机会系统地、深入地交流关于班级工作以及幼教问题的想法和做法,因此,幼儿园需要为教师搭建相互交流和相互学习的平台。除了很多幼儿园通常举办的座谈会或者观摩活动以外,展评也是一种非常有效的形式。展评的目的是幼儿园创造机会让教师展示自己,增进教师之间的相互了解,而不是一比高下、评定等级或者筛选淘汰。这样,教师参加活动的目的是展示最好的自己,增强自信心与成就感,她们有一定的压力却又不至于"压力山大"。教师在积极准备的过程中会着力加强学习、提高自己,达到促进自身专业发展的目的。

某幼儿园开设了一个分园,除了老教师退休,需要引进新教师外,分园也招聘了很多新教师。为了提高教师的专业能力,幼儿园采取总园和分园交换教师、岗位轮值的管理策略。目前主要涉及管理岗位和少数骨干教师,很多教师不但尚未进行岗位轮值,而且彼此不认识,业务管理者在短时间内也认不全所有教师。因此,幼儿园决定举行一次青年教师才艺展示活动,放手让教师们自己选择展示的内容与展示的方式。展示活动得到老师们的热烈响应,老师们为此积极准备、搭伴组合,不但提高了自己的才艺水平,而且相互帮助、相互配合,加深了彼此的情谊。教师们在活动中充分地展示自己的个性,有的人才艺出众脱颖而出,有的人擅长组织协调,有的人舍得付出、热情助人,有的人谦虚好学,从中获得进步。展评现场只有半天时间,但是大家自我锻炼的机会持续了一个学期。在这个过程中,教师的学习、交流与合作都是自觉自愿的,每个人都获得了成长。

2. 帮助教师提高自我认识,客观评价自我

业务管理者平时检查和指导工作,需要本着实事求是、客观公正的态度,指出教师的不足之处。有的教师性格随和、容易沟通、谦虚谨慎,乐于听取

管理者或者他人的意见与建议；有的教师则不易沟通，其中可能存在教师不谦虚或者太有个性等原因，更多的则是由于教师缺乏比较与参照。只有对别人的工作"眼见为实"，她们才能真正有所触动，才会调整自己的认知。否则，她们有可能认为管理者评价不公正、不客观，因而不乐意接受管理者的意见或者建议。很多管理者为此都深感困惑：怎么能让教师认识到自己的问题呢？展评式培训可以为教师提高自我认识提供同伴参照，也就是说展评活动让所有教师思考：同在一个幼儿园工作，别人能做到，别人能做得更好，为什么自己做不到，或者做得不如别人好呢？可见，展评式培训既能促进教师客观地认识自我、评价自我，又能提高业务管理者的管理效率。

某园保教主任巡班的时候，指出吴老师班级的幼儿的毛巾没洗干净。吴老师不服气，质问怎么没洗干净了。保教主任说幼儿的毛巾不但不能有污渍，而且应该呈现出干净的本色。吴老师还是不服气，说："毛巾总是要脏的，谁能一直使毛巾保持本色？"吴老师这种反应在管理中并不少见。于是，幼儿园举行了一次幼儿物品清洗消毒展评活动，所有班级在同一时间展出幼儿使用的毛巾、水杯、水果盘等物品，这样每个班级幼儿物品的清洗消毒状况一目了然。然后，要求所有保育员写一篇展评心得。通过与同事相比，每个保育员都对自己的工作有了更加客观和清晰的认识，有利于保育员在以后的工作中严格要求自己，提高保育工作服务质量。

（二）展评式培训扬长避短的方法

展评式培训重在展示与品评、评估，促进教师了解他人、了解自我，促进教师学习他人、提高自我，为教师提供一个宽松的、自觉的学习与锻炼环境。如果在展评活动中，过于强调考评，那么教师就会特别重视考评结果对自己切身利益的影响，因而容易心情紧张、急功近利，甚至以降低其他工作质量来应对展评项目，这样就本末颠倒了。所以，展评式培训需要扬长避短，才能发挥它促进教师专业发展的"正能量"。

1. 重在过程，促进教师的自我发展

幼儿园在日常管理工作中，经常对班级教师进行检查、考核、监督、评

比等，最后给教师一个评价结果，甚至把评价结果与教师的奖金收入挂钩，以期达到奖勤罚懒、奖优罚劣的管理效果。这些做法是有必要的，但是过度使用考核、奖罚措施，看似管理严格、考核量化，实际上反而降低了教师的自觉性，使教师过度依赖外在的管理评价。其实，业务管理需要调动人的内部动机，激发教师工作与学习的自觉性，注重教师在培训过程中的自我反思与自我提高。因此，展评活动重在过程，不应搞突击，以免使教师措手不及、疲于应付，应该在学期初的工作计划中就告知教师，然后开展相应的学习与研讨活动，让教师有所准备，准备的过程就是自我提高的过程，这样，最后的展评活动结果就相当于教师的学习成果汇报了。

某幼儿园在暑假为全体教师提供了奥尔夫音乐教育专业培训，目的不是为了办兴趣班或者奥尔夫教育特色园，而是提高教师的音乐教育素养。

新学期开始了，怎样让教师把奥尔夫音乐教育培训成果转化为班级幼儿的音乐学习活动，成为管理者思考的问题。无论是专门针对教师的音乐教育技能进行评比，还是专门针对幼儿的音乐活动表演进行评比，都会激发教师和幼儿的攀比之心与胜败情绪，不利于教师与幼儿的成长。于是，幼儿园准备在学期末举行班级师生奥尔夫音乐活动展评，并将其作为师生迎接新年到来的欢庆活动，鼓励人人参与、大胆表现。为了筹备奥尔夫音乐新年联欢节目，教师与幼儿共同制订学习计划，准备学习曲目，把本学期的曲目安排在教育活动、过渡环节或者一些零碎时间学习。一学期以来，班级教师既没有对幼儿进行单调的音乐训练，保证了幼儿正常的、健康的生活节奏，又让幼儿欣赏并掌握了很多优美的奥尔夫音乐。幼儿在新年联欢会上的展示与表演得到了家长的一致称赞。

2. 多方展评，促进教师的全面发展

与中小学相比，幼儿园的班级工作更加复杂多样，除了集体教学活动以外，还有环境创设、区域活动指导、生活常规教育、户外体育游戏指导等。而且幼儿教师是全科教师，不像中小学是任课教师，只负责一门科目的教学，可见，幼儿教师应该具备的专业知识和专业能力更加全面。因此，幼儿园展

评应该涉及日常工作的方方面面，培训内容要更加全面。如果幼儿园仅仅重视某一方面的展评，那么有此天赋和特长的教师就总是在展评活动中出类拔萃，其他教师的优势就总是没有展示与认可的机会，而且也不利于单方面出类拔萃的教师全面关注自己的专业发展。因此，幼儿园可以把展评式培训制度化，使之成为常规培训形式之一，按照学期或者学年逐步拓展展评内容，使展评内容涉及方方面面，促进教师关注自己的"幼教全科"专业发展水平。

某园是双语艺术幼儿园，艺术教育以舞蹈为主，经常组织幼儿接待参观和外出表演任务，因此，幼儿园非常关注教师的舞蹈表演水平，每年都举行班级教师舞蹈比赛。范老师酷爱舞蹈、才艺突出，每次都能获得一等奖，她还经常为幼儿园编舞，代表幼儿园表演，成为幼儿园的专业形象代表，因而也深受园长的青睐。但是范老师平时带班并不认真，与教师相处的时候像"一只骄傲的小公鸡"，对家长服务也并不热情。园长认为"人无完人、金无足赤"，于是一味地袒护范老师，范老师也很享受园长的袒护，没能认真地对待自己在工作中出现的问题。范老师的工作态度和园长的管理态度极大地伤害了其他教师的积极性，后来就不断出现教师在展评活动中频繁请假的现象，不但影响了展评活动，还导致班级岗位缺勤。可见，单一的展评、缺乏公正的评价，对教师的专业发展会产生明显的消极影响。

（三）幼儿园展评式培训方案示例

幼儿园日计划展评活动方案（节选）

1. 培训的背景和缘由

幼儿园实行无纸化办公以后，班级教师的文字资料都改成了电子版的。可是，最近两个学期以来，出现了两个现象：一个现象是存在抄袭教学计划的现象，有的教师是抄袭自己以往的计划，迅速粘贴的动作使教师懒于思考，导致形式上交计划，实际上心中无计划；有的教师则是在网上抄袭别人的计划，这种侵犯别人版权的行为存在的问题更加严重。另一个现象是班级门口用于通知家长事务的小黑板上错别字频繁出现，而且字形写得难看，有损教师的文化形象。为此,幼儿园决定恢复手写日计划,并在学期末举行日计划展评活动。

2. 培训目标

(1) 促进教师尊重版权,认真制订教育计划的自觉性。

(2) 敦促教师练字,在幼儿面前树立尊重汉字的榜样。

3. 培训过程

(1) 学期初,统一培训教师书写计划的基本要求,引领教师积极面对学期末的日计划展评活动。

(2) 教研组长认真批改教师上交的日计划,并提出修改意见与建议。

(3) 教研组长检查和提醒教师补写实施日计划后的效果与反思。

(4) 学期末,所有教师既是日计划展评活动的展示者,也是展评活动的评价者,不但匿名打分,而且书写展评反思。

(5) 教研组长统计每位教师所获得的总分与平均分,并进行组内排名。排名结果不公开,每位教师单独查看自己的排名,并与教研组长交流自己的问题、困惑与经验,教研组长因人而异地进行个别指导,正面鼓励教师,让她们客观面对问题。

4. 培训效果

班级教师平时只写自己的计划,几乎没有机会了解别人的计划,展评活动为教师提供了观看和学习所有教师计划的机会。教师们不但准备得认真,而且观看得很认真,反思得很认真。有的教师说:"这次日计划展评活动,让我获得了一次精神洗礼。我看见老师们在日计划设计中重难点阐述得很清楚,教学活动完整流畅,教学方法新颖独特,教学反思实事求是。我要学习,学习,再学习!充实自己,丰富自己,武装自己,做最棒的自己!"有的教师发现了身边的榜样,说:"××老师的计划制订得认真、书写得规范,几乎符合所有标准,难得!"有的教师说:"以前写完计划会忘记,还得再看看计划的工作内容是什么,现在认真准备计划了,心中有数,不用看计划就能把活动安排得有条不紊。"还有的教师说:"看别人的小字写得清秀工整,我真的该练字了!上小学的儿子经常要求家长签名,签字好看了,也有面子一些,嘿嘿……"

六、教师工作坊

工作坊（Workshop）最早出现在教育与心理学的研究领域之中，后来随着在职培训和教师教育事业的发展，以教师培养为主要内容的教师工作坊随之迅速发展起来。教师工作坊是以在某个领域具有丰富经验或者专业引领能力的教师为坊主（即主持人），组建一个20人以内的小团体，坊主以专题学习、集体研讨、操作体验、实践演练、合作分享等多种方式带领团体成员丰富心灵感受、提升精神感悟、提高专业能力，有的地方也称之为教师工作室。由于教师工作坊具有群体参与、团队合作、民主平等、轻松愉快以及活动内容丰富、形式灵活多样等特点，深受广大教师的喜爱。

（一）幼儿园教师工作坊的必要性

幼儿园教师工业坊具有鲜明的时代特征，它尊重人才的多样性与个性化，活动内容涉及工作、生活以及兴趣、爱好等多个方面，活动形式生动活泼，学习氛围轻松愉快，有利于民主和谐的团队建设。

1. 教师工作坊有利于幼儿园师资队伍多元化、梯队发展

幼儿园师资队伍横向呈现多元化，纵向具有梯队性，一直都是业务管理者比较期望的队伍发展状况。也就是说，幼儿园希望教师人才是多样的，各个方面都有专业能手；希望教师人才具有层次性，各个领域都有学科带头人发挥示范引领作用，带动师资队伍整体发展。教师工作坊对师资队伍多元化、梯队发展具有积极的促进作用。因为教师工作坊以幼儿园现有人才为基础，教师在某个方面有专长就可以组建某个方面的工作坊，而且工作坊规模不宜太大，三五人就可以组建一个工作坊。在工作内容方面，既可以直接是幼儿园工作内容，又可以是某一项才艺，如舞蹈、纸艺、扎染等，还可以是某一种生活情趣，如瑜伽、茶艺、书法等。三五个人只要有共同的兴趣爱好，就可以组建一个工作坊。如果其中一人水平较高，就担当坊主；如果大家水平相当，就轮流做坊主。为此，坊主要加强专业学习和组织管理能力，才能把工

作坊活动开展得有声有色，才能吸引新会员扩大规模。可见，教师工作坊既发挥了教师人才现有水平，又能促进教师提高现有水平，让教师的才华都有展示的机会，让教师的兴趣爱好都有发展的机会。可见，教师工作坊能有效地激发教师的潜能，促进教师人才多样化发展。

2. 教师工作坊有利于幼儿园建立民主和谐的学习共同体

一般情况下，教师通常以两种方式凝聚为一个和谐团结的群体：一种方式是由于工作需要而团结合作，比如大家在同一个班级或者同一个教研组；另一种方式是由于一些自然因素而经常团结在一起，比如大家毕业于同一所学校而相知相熟，或者有共同的兴趣爱好而经常一起活动，或者性格、个性比较合得来而成为好朋友。两种方式各有特点，第一种方式比较"刚硬"，具有强制性；第二种方式比较"柔软"，具有自愿性。教师工作坊则"刚柔相济"，有利于幼儿园创建民主和谐的学习共同体。因为教师工作坊是能者主持，会员自愿申请，突破了幼儿园凡事都由领导主持、教师必须参加的局面；活动内容既可以直接与工作相关，又可以与工作没有直接关系，教师可以自愿选择活动内容，满足了幼儿园教师爱好广泛、性格活泼的自然秉性。与此同时，教师工作坊既可以由特级教师、名师、专家、骨干教师做主持人，也可以由具有一定特长的普通教师做主持人，教师工作坊这种"平民化"的特征可以广泛调动教师的积极性。

（二）教师工作坊的种类及其工作内容

教师队伍结构具有多样化与个性化特征，教师们具有不同的兴趣、爱好、特长，具有发展水平不同的专业意识与专业能力，以此为基础组建的教师工作坊也会是丰富多样的。从理论上说，只要工作内容是健康的、文明的，教师工作坊可以五花八门，无所不包。事实上，幼儿园的人数是有限的，人才也是有限的，因此，幼儿园的教师工作坊也是有限的。根据调查，常见的教师工作坊可以分为四大类，每一大类之下又可以细分为若干种工作坊。

1. 以不同阶段、不同岗位教师专业发展为主要内容的工作坊

教师在不同的专业发展阶段，在不同的岗位，会有不同的发展任务和发展特点，以此组建工作坊，教师群体的共性与优势比较突出，可以提高培训效率。

（1）特级教师工作坊和名师工作坊

特级教师和名师是在全国或者省市具有广泛影响力的教师，她们具有高尚的师德和人格魅力，在某一领域积累了丰富的实践经验和专业知识，示范带教以及异地带教能力很强。她们主持工作坊，可以把自己的个人知识转化为公共知识，工作坊成员经过反思与实践再将公共知识转化为自己的个人知识，这个过程对培养区域学科带头人和骨干教师队伍具有重大意义。特级教师工作坊和名师工作坊的工作内容以特级教师和名师本人的专业优势为主，通常以课题研究或者专题项目研发的方式推进工作，工作坊成员跟随导师提升实践知识和实践能力，学有所成的工作坊成员带教回园，对本园的师资培训将会带来积极的影响。

（2）学科带头人工作坊和骨干教师工作坊

省市学科带头人和骨干教师是在区域范围具有一定影响力的教师，她们爱岗敬业，具有钻研精神，在某一领域学有所长。她们做工作坊主持人，既有利于培养一线新教师和年轻教师，又有利于自我成长。如果幼儿园规模较大或者师资队伍呈现梯队发展，可以聘请园级骨干教师主持本园教师工作坊，这样既有利于培养本园新教师和年轻教师，又有利于增强园级骨干教师的成就感与责任心。

（3）新教师成长工作坊

一般情况下，三年以下教龄的教师都属于新教师，如果幼儿园不断有新教师入职，就可以成立新教师工作坊，主持人可以是本园业务管理者或者资深班级教师。新教师的入职适应是全方位的，不仅在工作环境、岗位职责、业务技能等方面需要逐渐熟悉，而且在社会心理、为人处世、情感经历、情绪管理、人生态度、性格个性等方面都需要逐渐成熟起来，建立起稳定的价值观和积极向上的职业理想。她们遇到工作、生活和情感上的困惑、问题与矛盾，都可以在工作坊进行倾诉与交流，得到主持人的关怀与指导，得到同伴群体的帮助与支持，工作坊可以说是她们专业发展与心灵成长的精神家园。

（4）成熟期教师工作坊

成熟期教师的教龄在10年以上，一般经历了两三轮小班、中班、大班的保教实践循环，已经成为幼儿园的熟练教师，多数承担着班主任、保教主任或者教研主任的职责，对工作充满自信，有较好的胜任感。成熟期教师将要面临的是"高原期现象"，即教师已经能够轻松驾驭日常工作，但是专业发展停滞不前，好像很难突破自己的现有水平，使自己再上一个新的台阶。如果克服了职业发展的高原期阶段，成熟期教师就会发展为骨干教师、学科带头人或者研究型教师、专家型教师；如果教师一直被阻碍在高原期阶段，就有可能出现"职业倦怠"，不利于教师专业发展。因此，帮助成熟期教师克服"高原期现象"，避免"职业倦怠"，是幼儿园师资队伍建设需要特别关注的问题。幼儿园组建成熟期教师工作坊，由骨干教师、学科带头人或者名师担任坊主，帮助成熟期教师完善专业知识结构，提升专业高度与广博度，在人格成长上鼓励她们超越自我，重新思考自己的航标，增强职业成就动机。同时，成熟期教师还需要应对生活、家庭与事业等人生重大课题，她们可以把自己遇到的困惑与困难以及体验与感悟，在工作坊内进行交流与分享，大家相互关心、相互点拨、相互支持、相互帮助，这些都将为成熟期教师的专业发展和人生发展带来很大的精神力量。

（5）保育员工作坊

目前，新建和扩建幼儿园较多，不断需要新保育员入职，结对式培训可以有效地解决新人掌握保育岗位基本工作要求的问题，但是无法解决保育员的统一指导以及保育员之间的工作交流问题。很多幼儿园都很重视教师的集体学习、集体研讨与交流，却容易忽略保育员也是一个需要集体交流与研讨的同伴群体。新保育员与新教师一样面临着全方位的入职适应期。幼儿园组建保育员工作坊，使之与教师一样有一个专业发展与心灵成长的精神家园，有利于加强保育员的职业规范、职业尊严以及职业成就感。保育员工作坊的主持人应该由保健医生、保教主任和骨干保育员共同组成,因为保育员的工作涉及卫生保健与保教结合。幼儿园保健医生是幼儿园保育工作的"总监",不但要指导全体教职工严格执行幼儿园卫生保健制度,还要指导保育员学习健康检查、卫生清洁、生活护理、急救常识等知识与技能,有效地提高幼儿的一日生活质量。在保教结合方面,保教主任要指导保育员在对幼儿加强生活护理的同时指导幼儿提高自理能力,在照顾幼儿的同时指导幼儿学会照顾自己,也就是"保中有教、教中有保"。对于保育员来说,这是一对工作矛盾,护理与照顾工作需要保育员为孩子"多做事","保中有教"需要保育员为孩子"少做事"。保育员学会处理这对矛盾,就掌握了保教结合的分寸,掌握了教育指导的艺术。骨干保育员也可以主持工作坊活动,不但可以传授自己的保育经验,还可以关心年轻保育员的生活与情感,激发她们的工作热情,丰富她们的生活情趣。

另据了解,很多年轻的保育员都具有转岗为助教和教师的愿望,因此她们非常积极地参加在职学历进修,备战教师资格考试。可见,很多保育员可能是后备教师,这也意味着保育员队伍将会出现流动。为此,幼儿园可以根据本园师资配备的需求,顺应或者引导保育员的职业发展规划,整合优化保育员队伍。

2. 以不同领域专业发展为主要内容的工作坊

《纲要》和《指南》以五大领域反映幼儿教育与学习的基本内容,因此,以五大领域组建教师工作坊是常见的工作坊种类。在"大领域"之下又可以细分很多"小领域",以此可以组建分类更加细致的工作坊。

很多幼儿园都突出美术教育特色,会创设幼儿美术活动室,涉及陶艺、扎染、泥塑、剪纸等项目,与此对应的教师工作坊就可以应运而生。如果幼儿园采取奥尔夫音乐教学法,开设了儿童美术鉴赏、儿童舞蹈、戏剧表演、儿童声乐等相关的教学活动,那么相应的教师工作坊也应该配套创建,使教师的相关教育观念、教育模式以及教育指导策略满足幼儿学习与发展的需要。幼儿园组建此类教师工作坊,一般都会请专业教师进行指导培训。但值得注意的是,幼儿园教育属于全面发展的素质教育,幼儿园教师属于幼教全科,因此，幼儿园不能把专项活动创办成为社会培训机构所办的兴趣班或者特长班。教师学习与强化才艺也主要是为了提高教育素养，而并非专业技能水平越高，教师的教育水平也就越高。这是教师工作坊在引领教师专业发展时应该把握的正确方向。

3. 以生活情趣、心灵成长为主要内容的工作坊

教师工作坊的范围非常广泛，除了五大领域外，以教师为主体，反映教师生活兴趣爱好与情绪情感的工作坊更是种类繁多，比如运动、养生、瑜伽、按摩、刮痧、品茶、软件与网络技术应用等。这些工作坊活动内容与工作没有直接关系，却是围绕人的成长进行，而当教师的人格饱满了，人生观与价值观成熟了，工作态度和职业精神也会随之提升。这类工作坊可让教师感觉到幼儿园不仅是工作场所，而且是生活乐园、交友乐园，有利于增强教师对幼儿园的归属感。

现在，幼儿园的团队建设意识增强，有的幼儿园与拓展训练机构或者团体心理辅导机构合作，组织一些活动，以期建设团队文化、提高团队的活力、增进团队的凝聚力。拓展训练和团体心理辅导都是通过体验、分享、交流来促进自我探索、人际沟通以及团队合作的，活动形式丰富多样、生动活泼，既有娱乐性又有反思性，很多人因此感悟深刻、改善自己，获得了成长、加快了发展。因此，不少业务管理者和教师都很喜欢拓展训练和团体心理辅导中的心理知识和体验游戏，有的幼儿园组建类似的教师工作坊，积极尝试一些团体活动，让教师交流心理感悟，对丰富园本培训形式与内容做了有益的探索。

4. 以家园合作共育为主要内容的工作坊

家长没有教师资格证，却充当着孩子的教师角色，承担着重要的教育责任。家长在教育意识、教育观念以及教育方式方法方面的成长与进步，对幼儿的健康成长和终身发展都有着重大意义。然而，家长的家庭教育现状并不令人满意，有很多教育误区需要教师引导，有许多教育策略需要教师指点；同时，也有一些家长堪称家庭教育楷模，值得其他家长学习与效仿。因此，幼儿园可以创建家园共育工作坊，由教师和家长共同担任工作坊主持人，定

期组织活动,帮助家长提高教育水平,锻炼教师使其提高家园沟通与合作水平。由于工作坊具有活动形式多样、活动氛围轻松的特点,为此主持人要精心选择学习资源,精心设计活动方式,综合采取讲故事、看视频、做游戏、谈体验等多种形式,促进家长的互动与参与,让家长在工作坊有所触动、有所收获。

(三)教师工作坊的组建以及工作方式

组建教师工作坊需要满足一些基本条件,才能确保工作坊顺利运行。

- 幼儿园组建教师工作坊的目的是促进教师专业发展,提高园所办园质量。
- 幼儿园提供组织上与物质上的支持,确保教师工作坊的活动时间、活动场地和活动经费,必要的时候外请专家给予指导。
- 幼儿园采取自愿申请的方式,鼓励所有教师向幼儿园提交《幼儿园××教师工作坊申请书》《幼儿园××教师工作坊坊主申请书》或者《幼儿园××教师工作坊会员申请表》。
- 教师工作坊可以设一个坊主,也可以是一人为主、多人协助的形式。坊主负责制订工作计划,设计与组织实施活动方案,并进行活动的总结与评价。
- 幼儿园可以采取逐步推进的方式增加教师工作坊的种类,扩大教师工作坊的规模。
- 教师工作坊要体现团队合作性、自主参与性、自然真实性和灵活多样性。
- 教师工作坊的一切活动都要遵守幼儿园的规章制度,活动时间与活动内容不得影响日常带班工作和日常教育等。

(四)幼儿园教师工作坊示例

幼儿园纸艺工作坊的创建与实践(节选)

我园有两位教师对纸艺情有独钟,一位教师擅长剪纸,一位教师擅长纸雕,她们的作品展示出来之后,教师们赞不绝口,纷纷表示要向她们拜师学艺。我们想：何不趁势创建教师纸艺工作坊，满足教师的学习需求，提高教师的纸艺水平呢？同时，我们也请教了专家，知道纸艺不仅有利于培养幼儿的手眼协调能力、动手操作能力、创造思维能力和艺术审美能力，也有利于培养幼儿的注意力、自信心和成就感。专家还指导我们："教师纸艺水平不等于幼儿纸艺水平，幼儿纸艺水平不等于艺术教育内容，艺术教育内容不等于幼儿全面发展教育。"深刻理解专家的指导思想之后，我们决定把纸艺工作坊分为教师纸艺工作坊和幼儿纸艺工作坊，把教师的艺术水平与幼儿的发展水平结合起来。

1. 教师纸艺工作坊的创建与实践

（1）幼儿园提供专门的教室创建教师纸艺工作坊，配备相关书籍、联网计算机、展台展架和各种纸材料。

（2）坊主及其职责：坊主由纸艺指导师和保教主任共同承担，纸艺指导师负责指导实践操作，保教主任负责指导理论建构。纸艺指导师每周指导一次纸艺操作，提高教师的纸艺水平；保教主任每两周组织一次理论学习与研讨，提升教师的艺术教育理念、知识与方法。

（3）学员及其职责：全体教师自愿申请本学期学习剪纸或者纸雕，下学期交换学习内容。学员要学以致用，在班级实施美术教育，将教师的才艺转化为幼儿的才能。

（4）成效：全体教师都掌握一门纸艺，学期末评选出优秀学员，把优秀作品展示在幼儿园公共环境。

（5）问题：教师的创意水平还不够，在培养幼儿创新能力方面还需要加强；教师还需要掌握纸艺活动与其他美术教育活动相结合的能力，丰富幼儿的作品种类。

2. 幼儿纸艺工作坊的创建与实践

（1）幼儿园提供专门的教室创建幼儿纸艺工作坊，配备适合幼儿的桌椅、展台展架和各种纸材料。

（2）每班每周在纸艺工作坊活动一次，鼓励幼儿把模仿老师与自由创作相结合，教师要善于发现和激励认真学习和大胆创作的幼儿。

（3）教师相互观摩幼儿纸艺工作坊的组织与活动指导情况，研讨在活动过程中发现的困惑与难点及其指导策略。

（4）学期初组织家长带幼儿参观教师纸艺工作坊，学期末在幼儿纸艺工作坊开展亲子活动，展示幼儿的学习成果，指导感兴趣的家长学习纸艺。

（5）成效：幼儿对纸艺非常感兴趣，在教师的指导和鼓励下，幼儿的纸艺水平都有很大提高。幼儿的动手操作能力和作品制作水平，得到家长的一致认可。

（6）问题：幼儿的发展水平参差不齐，教师还需要加强个别指导。教师需要进一步研究小班、中班和大班幼儿在美术教育方面（以纸艺为主）的年龄特点和指导策略。

第六章

怎样提高园本培训效果

一、为园本培训建章立制

二、重视非正规培训

三、妥善处理工学矛盾

四、培训兼顾效益与公平

五、对相关部门的建议

某园一位保教主任一直很受园长的器重,但是一年之后保教主任辞职了。她对园长解释辞职的理由是家离幼儿园太远,上下班时间紧张,无法接送孩子上学。实际上,她辞职的真实理由是"没法干"。

有一天巡班指导工作的时候,她发现一位教师上班玩手机,当即批评教育了她。本来是一件小事,但这位教师是园长的亲戚,她在园长面前表现出很委屈很不满的样子,而园长为了安慰她,给她安排了一个小小的职务。这位教师得意洋洋,对保教主任一副不以为然的样子。保教主任说,辞职并不是因为这位教师对自己的态度,而是园长的管理态度。虽然园长一直很看重自己的专业水平,放手让自己引领幼儿园的专业发展,而且园长也并没有过问自己处理教师玩手机这件事,但是园长处理问题不公平,保教主任感觉自己以后没法指导和要求其他班级教师。还有一些小事也让她感觉很不爽,比如写教学计划和教研反思,有的教师直接找园长说年纪大了,眼睛不好,可以不写吗?园长说可以;有的教师找园长说最近班里事多,没时间写。家里事也多,没法加班写,可以不写吗?园长说可以。平时进行园本培训的时候,她作为保教主任一再强调教师要遵守幼儿园的规章制度,现在园长管理没有定性,因人而随意变动,不能秉公处理事务,以后还怎么要求其他教师?以后再指导教师的时候,自己就感觉说话没有底气。

可见,保教主任"没法干",不是园长不让她干,也不是园长认为她干得不好,而是幼儿园管理影响了"干"的效果。可见,园本培训效果既取决于培训本身的质量,又取决于其他相关工作的配套支持。

一、为园本培训建章立制

为园本培训建章立制,是园本培训工作规范化、常态化的基本保障,尤其是幼儿园管理工作繁杂,班级教师工作琐碎,更需要制度化的园本培训来确保教师始终保持积极学习、深入思考、主动探究的精神面貌。否则,园本培训容易处于可有可无的边缘状态,有时间就培训,没时间就忽略;或者上级来检查工作时就临时拼凑做一次培训活动，没有检查就不能持之以恒地开展园本培训活动。

园本培训制度是在园本培训工作开展过程中逐步完善的，如果园本培训工作处于最初的尝试阶段，那么园本培训制度就比较笼统概括；如果园本培训工作由来已久、深入开展，那么园本培训制度就非常细致、自成体系。各个幼儿园可以根据园情，在推进工作过程中不断地积累经验、提高认识、达成共识，再经过民主商讨程序，使共识制度化、制度行动化和行动习惯化。

（一）笼统的园本培训制度

笼统的园本培训制度通常把园本培训的管理、职责、经费、内容、形式、考核等融为一体，在执行的过程中再把笼统的要求转变为具体的培训方案，如下例所示。

笼统的幼儿园园本培训制度

（1）每学期初组织全体教职工开展园本培训活动。

（2）对新分配的青年教师进行岗前培训，从撰写资料、班级管理等方面进行培训，帮助青年教师更快地适应工作。

（3）组织青年教师拜师活动。

（4）鼓励教职工利用业余时间自我培训、自我提高，在某一方面形成特长，幼儿园给予支持和适当奖励。

（5）每月组织一次青年教师业务培训和每周一次的小组学习研究活动。

（6）坚持走出去和请进来的方针，每学期邀请专家或同行来园讲学或交流，每学期组织一次外出参观学习活动。

（7）组织青年教师积极参加各类教学竞赛活动，在活动中培养教师。

（8）每学期组织教师进行教学实践研究活动。

（9）组织新教师每月进行一次汇报活动。

（10）有计划地派送骨干教师、青年教师外出参观学习，参加区里组织的各类业务培训，并为她们搭建相应的展示平台。

这个园本培训制度笼统地制定了新教师和青年教师的学习方式与培训安排，以及园内培训与园外培训相结合的管理思路，对落实园本培训工作具有一定的监督作用，但是由于条目内容交叉、要求泛泛，在执行过程中可能存在思路不清晰、内容较零碎、仓促走形式等问题。因此管理者需要进一步细化制度，提高制度的可操作性，如下例所示。

细化的幼儿园园本培训制度

为了认真搞好教师的培训工作，完成培训任务，提高教师的教育理论水平和业务素质，特制定本制度。

（1）为了帮助青年教师更快地适应幼儿园保教工作和管理方式，为今后工作打下坚实的基础，开学初对新分配的青年教师进行40学时的岗前培训。思想政治培训由幼儿园统一组织安排，培训内容为教育法规、时事政治、教师职业道德规范及本园的规章制度等；业务培训由教学处组织，培训内容为新《纲要》、教育理念、活动设计、保教工作以及班级管理等。

（2）教师培训以参加园内培训为主，选派外出培训为辅。每学期选派三批教师参加县、市、省级培训，受训教师要认真做好培训笔记，培训后要将培训情况向全体教师进行汇报。

（3）组织青年教师积极参加各种类型的教学竞赛活动，各教研组要强化平时的帮练活动，做到在活动中培养，在活动中帮助和提高。

（4）鼓励青年教师积极参加业余进修学习，提高文化素质，幼儿园在工作安排上给予支持，在时间上给予保证。

（5）坚持每月对青年教师听课一次，并及时进行讲评。

（6）鼓励骨干教师参加专题研究活动，撰写研究方案或研究报告，学期末总结汇报研究成果。

（7）建立教师培训业务档案，记录教师培训的情况；受训教师应备有培训笔记本，记录本人参加思想政治和业务培训的内容及心得体会。

（8）严格园本培训考勤，实行学时学分与教师出勤统一、与教师学习态度统一、与年终奖励统一的考核办法。

(二) 系统的园本培训制度

系统的园本培训制度是随着园本培训工作逐步形成传统、逐步壮大规模而逐渐完善起来的制度体系，包括园本培训职责制度、园本培训学习制度、园本培训经费保障制度、园本培训考勤学分制度、园本培训考评制度、园本培训档案管理制度，等等。各个幼儿园的园本培训能力与水平不同，园本培训制度的种类和具体内容也不一而同。园本培训制度未必一味追求"高大全"，幼儿园需要根据本园的实际情况逐步完善各种管理制度，确保园本培训制度的可操作性与实效性。

园本培训职责制度

园本培训与学习是全体教职员工的基本职责，幼儿园各个岗位应该各司其职、各负其责，相互配合，共同完成园本培训与学习任务，通过培训与学习促进幼儿园提升保教工作质量。

1. 园长职责

（1）园长是园本培训的第一责任人，业务园长是园本培训的负责人。

（2）为园本培训提供经费保障、设施设备及相关的物质条件。

（3）根据市区继续教育精神和要求，结合幼儿园的实际情况，制订园本培训三年规划、学期工作计划、具体实施方案，做好学期和年度总结与评价工作。

（4）正确理解市区继续教育指导精神，配合上级有关部门，组织和落实好继续教育园本培训工作任务。

（5）落实园本培训计划、授课内容、上课时间、课时数、学分标准、考核要求等并予以公布，以供教师明确学习内容、加强自我监督。

（6）采取多种形式听取教师对园本培训的意见，建立在职教师的培训档案，如实记载每位教师的培训情况并及时反馈到上级主管部门。

（7）参与上级部门组织的继续教育培训与课题研究工作，不断提高管理水平。

（8）按照网络管理和网上培训要求，负责接受继续教育工作信息，并传达落实到有关人员。

2. 教师职责

（1）服从园长、业务园长和年级主任的继续教育园本培训工作计划安排。

（2）按时参加培训，不迟到、不早退、不缺勤，除特殊情况外，不得请假。

（3）因病假、事假不能按时参加培训，要事前请假；销假后要自觉补课，并撰写学习心得。

（4）每次参加培训都要认真倾听、积极参与，保质保量完成继续教育培训作业或其他任务，确保培训的实效和收获。

（5）对所参加的培训进行积极、公正的反馈，提出合理化建议。

（6）班主任要根据幼儿园的总体要求，结合本班实际情况，对本班的副班教师、保育员和家长群体进行班本培训。

（7）所有教师要把幼儿园继续教育培训与自学相结合，与学历教育相结合，与自己的反思和实践相结合，自觉提高培训的学习效果。

（8）积极参加继续教育培训相关专题的研讨与研究。

园本培训档案管理制度

根据《海淀区幼儿园教师培训档案管理意见》的指导精神，为保障园本培训工作顺利开展，特制定本园教师培训档案管理制度。

1. 幼儿园培训档案管理办法

（1）幼儿园逐步健全园本培训材料的归档制度，确保幼儿园教师培训工作的档案材料准确、规范和完整。

（2）保教主任作为幼儿园培训档案管理员，负责将各类档案进行分类、编号并编制目录，及时归档。

（3）归档范围包括市区教委下发的文件与资料，幼儿园教师培训规定与制度，以及园本培训过程性管理资料等。

（4）园本培训资料包括园本培训规划、计划、总结，教师培训需求调研与分析报告，培训方案、考核办法以及培训教材、培训讲义、音像资料等。

（5）存档形式包括纸质档案和电子档案，纸质档案要求字迹清楚、书写工整，电子档案要求分类识别、易于检索、有效机读。

（6）在建档过程中，充分发挥积极性、自主性与创造性，丰富档案内容，体现园本培训工作新举措与园本培训特色。

2.教师个人培训档案管理办法

（1）幼儿园为每一位教师建立个人培训档案，保证材料的全面完整，进行存档材料的装订或装盒。

（2）幼儿园为教师的各类档案资料配备统一的记录本或者设置统一的电子存档格式，确保纸质档案和电子档案的规整性。

（3）归档范围包括教师每学年参加培训的资料、获得学分的情况，海淀区幼儿教师培训学籍库中教师个人参加培训的情况，教师个人各类培训证书及获奖证书复印件，教师参加培训学习的内容统计与考勤统计表，教师的培训作业与个人总结、评价与反思等。

（4）为园本培训骨干教师单独建档，大力培养骨干教师群体。

（5）鼓励教师加强自主学习与培训，教师利用业余时间自愿自费学习的内容经过幼儿园认可之后，存入个人档案，并可获得相应的经费补贴。

（6）教师调入其他幼儿园工作，需将培训档案随人事档案转移，交由调入单位负责。

二、重视非正规培训

培训实际上是一种教育机会与学习活动，如果教师的培训机会无处不在，教师的学习精神如影随形，那么教师的专业发展就会"随风潜入夜"般地融于幼儿园的日常工作过程之中，这样的幼儿园就是真正的学习型组织，园本培训就会产生"润物细无声"的美妙效果。

园本培训无处不在，是因为它本身有两种存在形态：一种是正规园本培训，另一种是非正规园本培训。正规园本培训是指按照明确的目的、严密的计划、严谨的程序组织起来的教育指导形式；非正规园本培训事先并无计划安排，随机出现、潜移默化，是指幼儿园一切有形的或者无形的环境、制度、管理、文化、心理、人际关系、互动行为等因素对教师的影响与教育，是环境育人、管理育人、文化育人、心理育人等各种育人因素综合发挥作用的体现。非正规园本培训虽然没有固定的场所与明确的指导者，没有精心准备的学习目标，也不必记学习笔记，也可能不记学时学分，但是它无处不在，随时都有可能产生互教互学的行为，而且非正规培训比正规培训更加自然、及时、应景，所以它对教师的影响与效果更加显著。可见，有效的园本培训应该把正规培训与非正规培训有机地结合起来，既发挥正规培训在计划性、系统性、严谨性等方面的优势，又发挥非正规培训在随机性、情景性、及时性等方面的优势。

三、妥善处理工学矛盾

幼儿园是为幼儿的健康成长提供教育服务与引领的专业机构，所以幼儿园工作是非常务实的，而务本求实的保教实践、岗位职责和带班工作是开班办园的基本保障，这也是有些幼儿园认为"天天有干不完的活儿，哪还有时间学习"的主要原因。现在随着幼儿园创建学习型组织以及教研共同体等工作的深入开展，以园为本的培训与学习逐渐被幼儿园所重视，并成为常规工作的一部分。即便如此，培训也会占据幼儿园场地、占用工作时间、占用班级教师，幼儿园会经常面临教师学习与工作、培训与带班之间的矛盾。为此幼儿园需要加强协调，为教师创设学习与工作两不误的环境，确保各种类型的园本培训工作顺利开展。

（一）正确处理教师进修与带班工作的矛盾

长期以来，很多幼儿教师都存在第一学历比较低的问题，而现在整个社会对人才学历的要求越来越高，家长的学历也越来越高，所以很多教师都采取边工作边进修学历的方式来提升自己的学历层次。而且大部分幼儿教师一般都是进修学前教育专业或者与之密切相关的大专、本科或者研究生学历，这种继续教育对教师提高专业理论水平、拓展专业知识视野都是非常有意义的，对教师的专业发展也起到了积极的促进作用。但是继续教育持续的时间比较长，不但占用教师业余的时间，还可能占用教师工作的时间，进而影响工作，这就需要幼儿园妥善协调工学矛盾。

某幼儿园最近接到家长投诉，说小班频繁更换教师，导致幼儿和家长与班级教师沟通不畅。主要原因是该班王老师这学期参加了大专学历进修，不但每周六都要上课，有时工作日也经常请假上课。这样幼儿园就得临时派人顶岗，而且幼儿园不能保证每次都确保是同一个顶岗教师，所以这个班确实出现了频繁更换教师的现象。配班老师也有意见，说王老师经常待在备课室，带班时间较少。王老师说进修作业太多，还交得急，自己没有干别的，是在学习。园长得知之后，与王老师谈心，既肯定了她主动进修学历的学习精神，又入情入理地分析了经常缺勤给班级工作带来的不便之处。王老师经过换位思考，认识到进修学历心急不得，幼儿的成长和班级工作耽误不得，于是接受了幼儿园的建议，更改了进修课程。幼儿园以此为例，在管理上明确要求教师进修学历要妥善处理工学矛盾，事先了解进修的课程安排，选择课程不能影响日常工作。

（二）正确处理工作时间与个人时间的矛盾

现在的幼儿园遇到了幼教大发展时代，管理者和班级教师虽然都以女性为主，但是她们自立自强，工作独当一面，很有干劲。如果管理者年富力强、上进心强，那么带领团队工作时干劲更大。与此同时，也可能存在透支时间与精力的现象。由于班级工作比较忙，教师必须顶岗到位，因此园本培训经常需要挤出时间才能确保学时。每个幼儿园在园本培训时间安排上做法各异，教师的学习感受与效果也会有所不同。

某幼儿园开始陆续出现个别教师离职的现象，主要原因不是幼儿园不好，而是工作时间太长，导致有的教师无法照顾孩子与家庭而不得不辞职或者转到其他幼儿园工作。该园园长40多岁，孩子已经参加工作，家庭事务较少，因此她一心扑在工作上，天天起早贪黑、不辞劳苦、以园为家，被老师们誉为"女强人""工作狂"，她也以自己的工作热情为标准要求班级教师。她经常召集教师开会、学习、培训，而且经常延长会议时间，下班之后加班加点是家常便饭。有的教师因此无法及时接孩子放学回家，或者送孩子上课外班。如果平时家里有事请假，这位园长会反问："你家里其他人呢？"她通常会以"家庭责任应该由家人共同承担"为由拒绝教师请假。有的教师因无法协调家庭与工作的矛盾而离职，而大部分教师虽然尊重园长、敬佩园长，跟随园长满腔热忱地工作与学习，但是也存在紧张、疲劳、透支、无奈等消极感受。

可见，认真关注并正确处理工作时间与个人时间的矛盾，尊重教师的个人时间，对提高工作效率和学习效率是非常重要的。

四、培训兼顾效益与公平

园本培训既有园内培训，又有园外培训。园外培训，是指幼儿园选派部分教师外出到本地其他幼儿园或者外省市幼儿园进行参观与学习活动。幼儿园通常会选派骨干教师外出学习，这让也想外出开阔眼界却没有机会的其他教师非常羡慕。其中，有的教师会提出质疑："骨干教师为什么优秀，因为她们经常有学习的机会。幼儿园不培养我们，不重视我们，我们只好平庸了。"教师的学习精神和工作态度因而受到不良影响。幼儿园考虑的则是骨干教师基础好，外出学习吸收的信息更多，会把更多、更好的经验带回幼儿园，促进外出培训效益最大化。幼儿园与教师的矛盾实际上就是效益与公平的矛盾，而这一矛盾又是由马太效应与短板效应引起的。

马太效应源于圣经中的一则寓言："凡有的，还要加给他叫他多余；没有的，连他所有的也要夺过来。"这样，一个人如果获得了成功，什么好事都会找到他头上，会造成强者愈强、弱者愈弱的现象。这种效应广泛存在于社会、经济、心理、教育等众多领域，它追求的是效益最大化。

短板效应是指一只木桶能盛多少水，并不取决于最长的那块木板，而是取决于最短的那块木板。如果一只木桶想盛满水，必须每块木板都一样平齐且无破损；如果有一块木板较短或者某块木板下面有破洞，这只桶就无法盛满水。短板效应追求公平与平衡之道。

可见，教师渴望公平的学习机会与幼儿园集中精力打造骨干教师，都是各有道理的，也各有利弊。幼儿园在管理上要兼顾效益与公平，营造骨干教师与其他教师共同成长的氛围，鼓励团队齐心协力提升保教质量。

五、对相关部门的建议

园本培训是以园为本的教师教育活动，从微观层面而言，园本培训是幼儿园加强师资队伍自身建设的分内之事；从宏观层面而言，园本培训是幼儿园教师在职培训的重要组成部分，是教师教育一体化的重要组成部分。《〈教师教育课程标准（试行）〉解读》认为："教师教育一体化包含两个方面的含义：一是纵向意义上的一体化，即打破教师教育职前教育、入职教育和在职培训的割裂局面，将整个教师教育的过程——职前教育、入职教育、在职培训视为教师终身教育体系中互相联系、全面沟通、连续统一的整体，建立一个内部各阶段相互衔接、相互支撑和相互补充的教师教育体系；二是横向意义上的一体化，即充分利用各种教育资源，建立学历教育和非学历教育、正规学校学习与教师自我导向学习等非正规学习相结合的教师教育体系。"由此可见，园本培训不是各自为阵，也不是闭门造车，它是教师终身教育体系的一个阶段，是开辟教师培养多元化的一个重要渠道。所以，园本培训非常需要相关部门的管理、指导、监督与协调，把园本培训纳入教师在职教育和终身教育体系的管理制度之中。

（一）把园本培训纳入幼儿园考核，加强对园本培训的管理与监督

园本培训是教师专业发展的途径，是幼儿园业务工作的重要组成部分，

因此，应该把园本培训工作纳入幼儿园的考核体系中。由于幼儿园日常工作繁杂、琐碎，幼儿园内部突发事件较多，幼儿园外部临时任务也较多，如果园本培训工作没有制度化，有的幼儿园就会因疲于应对日常工作而把园本培训放在可有可无的位置，或者为了应付上级检查而使园本培训流于形式，这样，园本培训的时间、投入与质量都难以得到保证。相关部门加强对园本培训的管理、监督与考评，有利于提高园本培训的管理力度与质量效果，为园本培训工作指引方向并提供相应的支持、指导与帮助。

北京市海淀区各级各类幼儿园的园本培训工作是由海淀区教师培训工作领导小组办公室统一管理与指导的，这个管理机构是在北京市教委的领导下，由海淀区教工委、区教委和区政府教育督导室共同组成。根据《海淀区幼儿园园本培训评价量表》的要求，定期对幼儿园园本培训工作进行指导、检查和评估，并通过搭建园本培训交流平台，定期组织园本培训交流会，征集园本培训成果，对各个幼儿园的园本培训工作进行评选并给予经费支持，促进全区优质教育资源共享。《海淀区幼儿园园本培训评价量表》从园本培训目标与规划、领导与管理、内容形式、成效与特色四个方面制定了20个评价要素，每个要素分为优秀、良好、达标和未达标四个等级的评分标准，指导幼儿园加强管理、评估与考核。幼儿园需要按时、按质、按量地确保平均每学年组织不低于40学时的园本培训，使每位教师在5年中完成200学时的园本培训。

（二）联合组建园本培训专业委员会，加强对园本培训的研究与指导

幼儿园是园本培训的主人，因此园本培训容易受幼儿园培训条件的限制，幼儿园管理者的重视程度以及幼儿园的师资状况、资金、设备、园所教科研力量等都在一定程度上限制着幼儿园园本培训的开展。尤其是管理者的素质与能力，对园本培训工作的开展起着决定作用。园本培训需要幼儿园创建学习型组织，在学习型组织中，学习与工作具有同等重要的地位。但是有的幼儿园会觉得平时工作都忙不过来，哪里还有时间学习；有的幼儿园不知道应该学些什么，容易把学习狭隘化，比如过于注重实践操作而忽视理论指导，过于重视岗位技能技巧而忽视通识知识和基本文化素养的学习；还有的幼儿园

把学习等同于读文章、念文件、写反思，把园本培训等同于园本教研，把培训等同于考核，园本培训内容照搬学历进修内容，久而久之，学习内容单调、培训氛围紧张，园本培训的内涵和效果因此受到不良影响。可见，纵然园本培训的理念非常先进，实际效果非常令人期待，但是鉴于幼儿园承担园本培训职责的意识与能力参差不齐，园本培训非常需要相关部门的专业引领与专业指导，这就需要加强园本培训的研究工作。

为了高质量地开展园本培训工作，应该组建由行政部门、大学院校、科研机构、进修学校、园长、学科带头人和骨干教师为代表的专业委员会，专门负责园本培训的研究与培训工作，加强培训者培训工作，指导幼儿园负责人尊重园本培训规律和成人学习规律，学会科学地、系统地规划、设计、组织、实施和评估园本培训工作，提高园本培训负责人创建学习型组织的能力，把学习的价值与工作效益有机地结合起来，以人的发展促进工作水平的提高，进而促进幼教质量和幼儿的发展。

（三）建立园本培训示范与合作基地，加强园本培训经验的交流与分享

园本培训的管理、研究与指导是为了指引园本培训沿着正确的方向发展，园本培训经验的交流与分享则有助于提高园本培训的实操性与实效性。目前，师范院校、科研机构和各级教委是承担幼儿教师在职培训的"主力军"，主要采取分层分类的专项培训方式，比如分别针对园长、骨干教师、新教师或者分别针对公立幼儿园和私立幼儿园进行培训，但是对以园本培训为专题的培训内容涉及较少。那么，幼儿园作为园本培训的主体，由于缺乏统一的规范管理和培训指导，就存在着对园本培训重视程度不一致、认识水平不统一以及培训力量不均衡、培训效果差异大的情况。所以，有的幼儿园在园本培训工作方面制度健全，培训内容丰富多彩，培训形式灵活多样，培训师资力量强大，培训水平专业有效；有的幼儿园在园本培训方面还比较茫然，不知从何入手，培训师资也较薄弱。即使管理者对园本培训有需求，也因得不到有效的指导与管理，而在园本培训方面进展较慢。可见，相关管理部门和业务指导部门应该利用幼儿园之间更加具有可比性的特点，搭建园本培训的交流平

台，创造机会让幼儿园之间互教互学园本培训经验。

示范园与普通园手拉手是园际之间互教互学的有效形式。示范园对普通园"带教"是传授经验的过程，也是锻炼本园骨干教师的机会，还是管理者总结园本培训规律、提升园本培训工作水平的机会。普通园"跟学"示范园，则犹如班级教师结对式、师徒制培训，能直接习得园本培训工作机制，最初从效仿示范园开始，慢慢地学会根据园情独立开展园本培训工作。有的幼儿园也可以与相关的培训机构建立合作机制，先从借用本园场地做起，观摩专业机构的培训模式，丰富园本培训阅历，逐渐推进自己的园本培训工作。

值得注意的是，从严格意义而言，园本培训是不可复制的，因为园本培训是幼儿园个性化发展的产物，以园为本是园本培训的基本特点，园情不同，园本培训的内容与形式就会不同。即使是同样的园本培训内容，比如师德培训，也会因园情不同而有所不同。有的幼儿园的师德问题可能是因为服务意识不到位，有的幼儿园可能是因为教师的教育观念有问题，有的幼儿园则是在家园沟通与合作共育方面欠方法、欠策略，还有的幼儿园则是因为管理不规范。问题出在哪里，培训内容就从哪里入手，培训形式也随之跟进。可见，园本培训经验交流与分享的意义不是照搬别人的培训内容与培训形式，而是借鉴别人的园本培训思路，学习别人根据园情做培训的策略，提高以园为本进行自我培训的意识与能力。

万千教育 学前教育类书目

书号	书名	著、译者	定价(元)
\multicolumn{4}{c}{幼儿园园所管理}			
2102	破解幼儿园园长的50个管理难题	苏晓芬 等 著	48.00
1784	幼儿园危机管理策略与实例	周丛笑 等 编著	52.00
1596	幼儿园安全管理策略	张春炬 李 芳 主编	42.00
0039	园本培训促进幼儿教师专业发展	晏 红 著	32.00
9883	幼儿园教研活动设计与实施	莫源秋 著	32.00
9620	幼儿园保育员工作指南	伍香平 等 主编	20.00
9438	幼儿园园长的领导艺术	任 民 李迎春 著	32.00
9006	幼儿园园长临场应变技巧50例	卢 俊 著	20.00
9012	幼儿园园长易犯的80个错误	伍香平 主编	25.00
幼儿园园所管理合计			303.00
\multicolumn{4}{c}{幼儿园家长工作指导}			
2345	幼儿成长揭秘——常见问题分析与家园共育策略	王普华 等 著	48.00
1934	幼儿教师与家长沟通之道（第二版）	晏 红 著	46.00

364	幼儿园家长工作技能与艺术	莫源秋 编著	45.00
806	破解家园沟通的44个难题	胡剑红 主编	35.00
9610	幼儿教师的家长工作技巧	张春炬 主编	34.00
9592	幼儿园家长开放日活动设计与实践指导	卢筱红 主编	25.00
9322	幼儿园家庭教育指导形式与方法	晏 红 著	34.00
幼儿园家长工作指导合计			267.00
幼儿心理与发展指导			
2205	幼儿行为管理的方法与策略	莫源秋 著	46.00
1779	幼儿情绪管理的方法与策略	莫源秋 著	48.00
9496	透视幼儿心理世界 ——给幼儿教师和家长的心理学建议	冯夏婷 主编	36.00
0783	透视0—3岁婴幼儿心理世界 ——给教师和家长的心理学建议	冯夏婷 主编	38.00
0183	幼儿常见心理行为问题：诊断与教育	莫源秋 著	38.00
6608	幼儿心理健康教育	刘 文 编著	25.00
幼儿心理与发展指导合计			231.00
幼儿园教师教育技能与活动指导			
2096	让幼儿都爱听你说（第二版）	马希武 等 译	36.00
1707	有力的师幼互动	王连江 译	36.00

……
欲了解更多图书信息，请登录：www.wqedu.com
联系地址：北京市西城区三里河路6号院2号楼213室　万千教育
咨询电话：010-65181109，65262933
*本目录定价如有错误或变动，以实际出书为准。